行政領導與績效管理

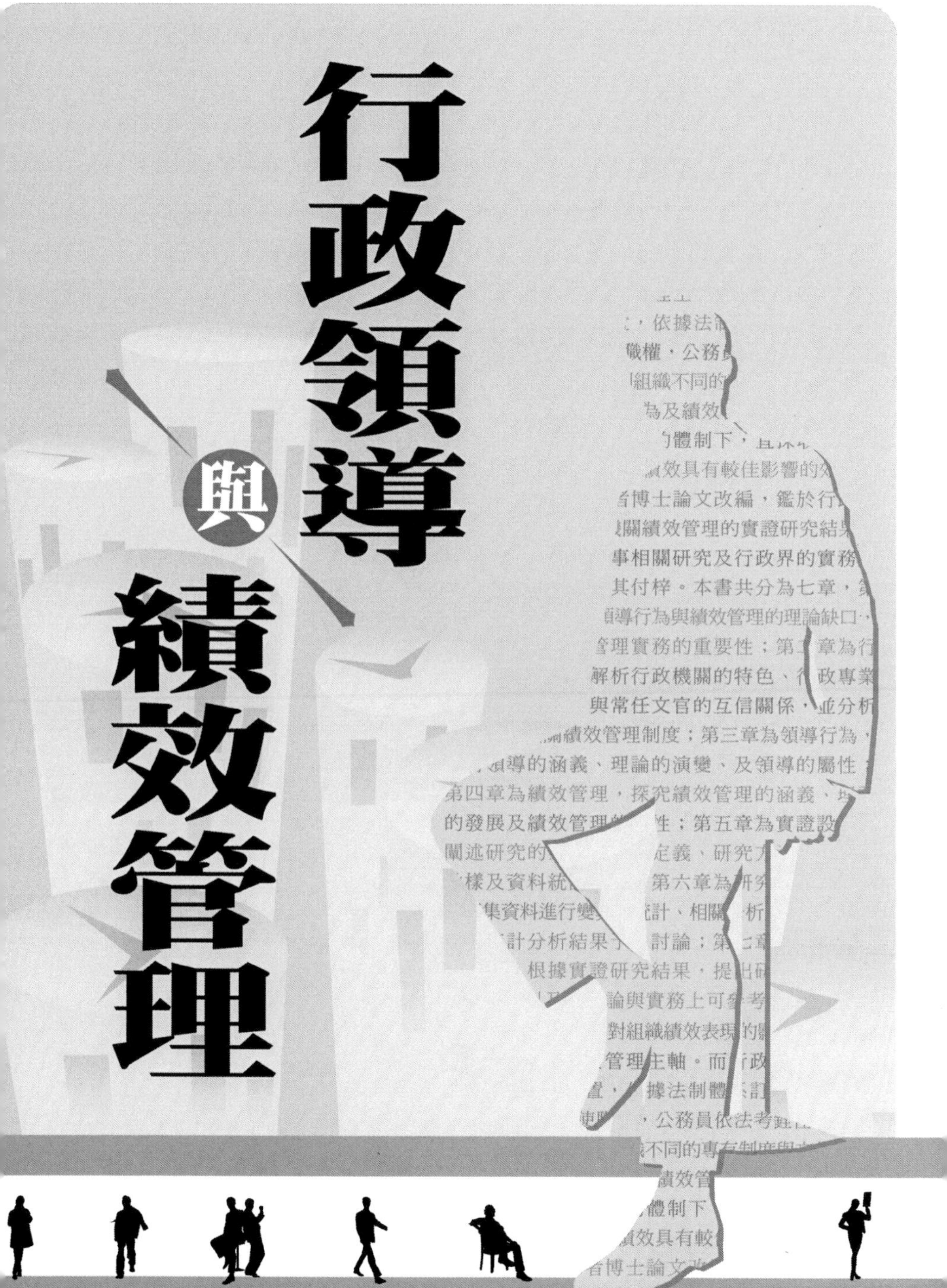

邱吉鶴 · 著

序

　　行政機關首長的領導行為對組織績效表現的影響關係，係為行政組織的重要管理主軸。而行政機關依照政府體制與專責設置，依據法制體系訂定法律、命令及行政規則行使職權，公務員依法考銓任用，形成了與企業或非營利組織不同的專有制度與文化。本書目的係藉由領導行為及績效管理的相關理論，探討行政首長在其特殊的體制下，宜採取何種領導行為，對於行政機關績效具有較佳影響的效果。

　　本書內容係依據筆者博士論文改編，鑑於行政首長領導行為及行政機關績效管理的實證研究結果，對於未來學術界從事相關研究及行政界的實務應用頗具價值，故將其付梓。本書共分為七章，第一章為緒論，闡明領導行為與績效管理的理論缺口，以及對行政組織管理實務的重要性；第二章為行政機關的特性，解析行政機關的特色、行政專業特質及行政首長與常任文官的互信關係，並分析現行行政機關績效管理制度；第三章為領導行為，探討領導的涵義、理論的演變、及領導的屬性；第四章為績效管理，探究績效管理的涵義、理論的發展及績效管理的屬性；第五章為實證設計，闡述研究的架構、變數定義、研究方法、問卷、抽樣及資料統計分析；第六章為研究結果分析，就蒐集資料進行變異數統計、相關分析及迴歸分析，並就統計分析結果予以討論；第七章為研究發現與建議，

根據實證研究結果，提出研究結果的重要發現，以及對理論與實務上可參考的建議。

　　本書得以出版，首先，必須感謝指導教授黃營杉博士細心的指導與鞭策，以及論文考試委員林嘉誠、高孔廉、彭文賢、陳銘薰、鄭仁偉、徐純慧等教授的指正與提供相關意見。其次，也特別感謝筆者秘書翁千惠小姐協助校對等事宜，以及秀威資訊科技公司協助出版，特此申謝。

邱吉鶴　謹序
2008 年 2 月

目　次

第一章　緒論

　　行政機關首長的領導行為對組織績效表現的影響關係，係為行政組織的重要管理主軸。Kotter and Cohen（2002）指出，要在二十一世紀揚威，領導是關鍵；創新性變革成為組織因應環境遽變之鑰，愈是面對渾沌不確定性、挑戰愈多的環境，所需的變革愈多，有效領導的重要性相對提高。其次，近二十年探討組織績效管理蔚為風潮，許多不同績效管理的衡量架構發展，提供人們瞭解組織績效的表現內涵（Neely，2002），績效管理似是維繫組織生存和成長的萬靈丹（Neely and Bourne，2000）。

　　一般而言，行政機關領導者任務大略可區分為「人」與「事」二大部份，就領導「人」而言，在創新時代中，一個組織能否持續生存和蓬勃發展，亟需經由創新，然創新最關鍵的因素就是「人」，領導者如何能夠取得和應用知識的「知識工作者」，引導、鼓勵和支持他們各盡所能，有效發揮其知識與能力，為一卓越領導者重要的責任。就領導「事」而言，領導者主要任務就是提出一套績效管理制度，採取有效的管理方法，帶領組織創新價值及達成組織高績效目標。領導與績效二者是組織經營管理息息相關的議題，且此議題相關因素亦發生在政府機關或非營利組織，Van wart's（2005）認為整合模式（integrated model）發展是未來研究的趨勢。因此，本文擬將政府機關首長領導行為與組織績效管理併同研究，以深入研析其間的理論關係及實務管理的應用涵義。

一、理論的研究缺口

Bennis（2003）認為，在迅速多變的時代，領導的重要性，不言而喻。近十年來，隨著地球村出現、科技和資訊網路的發展、人口結構和多元文化帶來的衝擊等，使得組織外部環境發生劇烈變化，促使其經營管理變得高度不確定和不可預測。在此情況下，不管是企業、政府或其他非營利組織，都不再能夠依賴過去經驗法則，按部就班、有條不紊地依照計畫執行，並加以控制。如就組織領導行為而言，即過去所謂的特質領導（Stogdill，1948；Gibson，1977；Ghiselli，1963）、行為領導（Fleishman，1953；Blake and Mouton，1964）、情境領導（Fiedler，1964；House，1977；Vroom and Yetton，1973；Hersey and Blanchard，1977）及魅力領導（Conger and Kanungo，1988；Bass，1985；Sashkin，1988；Robbins，1994）等領導理論主張已不足因應。值此瞬息萬變的世紀，過去某些行之有效的想法和做法，未來未必同樣有效。面對高度不確定的未來，行政機關需要什麼樣的領導者或採什麼樣的領導行為，是本研究想要瞭解的議題之一。

組織績效管理的研究隨著時間漸進的發展，過去，企業績效管理與衡量被當作一個重要研究領域，投入大量的資源從不同管理方法研究績效衡量，像股東價值（Rappapost，1986）、作業基礎成本（Kaplan and Cooper，1997）、平衡計分卡（BSC；Kaplan and Norton，1992；1996）、績效結構（Lynch and Cross，1990）、多元方法模式（Brown，1996）、事業計分卡（Kanji and Sa，2002）、績效金字塔（Neely et al.，2002）及其他相關模式，提供了組織績效理論雷達掃描的架構（Marr and Schiuma，2003）。尤其平衡計分卡（BSC）可

說是近十餘年廣被運用的管理工具，但仍有學者認為其過於封閉（Sureshchandar and Rainer Leisten，2005；14），且平衡的觀點會受環境因素、結構因素及績效變數互動因素的影響；因此，如何整合平衡計分卡及其他績效管理或評估工具，形成一個行政機關績效管理的價值鏈，亦為本研究想要瞭解的另外一個議題。

回顧領導與組織績效相關文獻，領導的研究隨著時代組織理論及領導理論的發展逐步演進；1940 年代前，以領導者特質為研究中心；1940 年代以後至 1970 年代期間，以領導者的行為風格及領導的情境為主；1980 年代以後，逐有領導者魅力的研究，強調領導者對追隨者的影響；至 1990 年代以後，領導研究的中心逐漸趨向於領導者在組織中應扮演的角色、應具有的領導能力，以及領導者在領導的過程中應採取什麼行為或做什麼事。而組織績效管理的研究，1970 年代以績效評估的方法為主，大多研究偏重於如何透過組織或個人績效評估引導決策與產出；1980 年代以後，研究者注意到規劃與執行的重要性，相關研究強調績效目標的設定與流程活動的管理；至 1992 年學者 Kaplan and Norton 提出平衡計分卡，引起了績效管理與評估的研究風潮，紛紛將平衡計分卡觀點運用在組織、方案（計畫）或個人方面績效管理與評估方面研究，迄今已有學者（Curtright，Smith and Edell，2000；Thompson and Strickland，2001；Verweire and Berghe，2004）將其發展成策略績效管理的理論。

從相關理論文獻研究的內容觀之，大都偏重於領導理論相關研究，或績效管理與績效評估方法運用相關研究，將領導與績效管理結合運用在組織管理方面研究相對較少。其次，回顧國內博碩士相關論文，近年來領導領域的研究仍以領導特質、領導風格及魅力領導方面居多；至於績效管理領域的研究，則以績效評估方法與運用

方面研究具多，尤其近年來研究者大量運用平衡計分卡觀念在相關
績效評估上研究（約 600 餘篇），而鮮少整合領導與績效管理運用在
非營利組織方面研究。本研究回顧相關文獻及觀察實務發展趨勢，
爾有結合領導與組織管理制度的研究構想，希找出行政機關領導及
績效管理制度之一般適用模式，以供實務運作及未來相關研究參
考，是為本文主要的研究動機。

二、行政組織管理實務的重要性

　　行政機關是國家公權力行使的象徵，亦為國家發展與民眾服務
而存在。因此，政府依照國家的體制成立不同專職的行政機關，依
據法制體系訂定法律、命令及行政規則，行政機關必須依法行使每
項職權，這也是行政機關與一般企業或非營利組織不同的專有制度
與文化。根據 Cameron and Quinn（1999）以競值架構（competing
value framework）觀點發展之「OCAI」（organization culture
assessment instrument）中認為，科層型文化的組織乃為一個非常正
式而結構化的工作場所，工作程序掌握了員工的所作所為；正式的
組織規章與政策維繫整體組織，而組織長期考量的乃是穩定性，以
及有效率之組織績效與順暢的運作。在政府組織結構與規章限制，
以及行政與立法牽制下，政務職的行政首長採取的領導行為對行政
部門施政績效是否產生效果，實為值得探討的議題。

　　其次，行政機關區分為政務體系與文官體系。行政首長屬政務
體系，為政治任命，負責政策的決定與組織的領導；一般常任文官
屬行政體系，在政務官指揮下，協助政策的研擬與執行。民主政治

的體制，行政首長常隨著執政的政黨變動而更替，或因政治及政策的需求而替換，形成行政首長經常更動的現象；新任行政首長與常任文官間的互動與配合等因素，將長期影響行政機關組織管理績效。由上述剖析，本文認為行政機關官僚體制，以及行政首長與文官體系公務員的互動，係影響行政機關管理績效的二大重要因素，為本文另一主要的研究動機。

三、研究問題與目的

綜合上述分析，吾人從機制理論（institutional theory）及社會資本理論（social capital theory）觀點來看，行政機關的官僚體制，以及政務體系與文官體系的互動為既存的問題；而行政首長在此特殊情境下，如何提出有效的領導方法，排除環境的障礙，快速建立與常任文官間的互信與互動，以帶領組織全面提升績效的管理途徑為何？為本研究所要探討的問題。因此，本文研究目的包括：

(一) 分析行政首長領導行為與行政機關組織績效管理制度。

(二) 解析行政首長領導行為與組織績效管理制度間的相關性。

(三) 探討在行政專業特質情境下，行政首長領導行為對組織績效的影響。

(四) 探討在行政機關員工對行政首長不同信任情境下，行政首長領導行為對組織績效的影響。

本文研究流程與內容安排：首先，先確認本研究方向，研擬本研究的動機、問題與目的；接著，根據研究的主題蒐集領導與績效

管理相關文獻，進行回顧與探討，深入瞭解相關領域累積之研究成果及最新發展趨勢；再由文獻回顧與探討推導出本研究觀念架構，並提出研究的假設，以為本文研究設計與分析的理論基礎。

其次，根據本文研究概念架構與假設，進行研究設計，包括問卷設計、調查方法、資料蒐集與分析方法等；然後進行問卷調查、資料整理、研究結果分析，最後提出研究的結論。

根據研究流程安排，本書章節，除本章緒論說明研究動機、目的外；第二章為行政機關的特性，分別就行政機關特色、行政專業特質及行政機關績效管理制度相關文獻進行分析，並提出看法；第三章就領導的涵義、理論的演變及屬性進行分析；第四章就績效管理的涵義、理論的發展及屬性進行分析，第五章為實證研究設計，分別提出本文架構與假設、變數定義、問卷設計、抽樣設計及資料蒐集與分析方法；第六章為研究結果分析，包括信效度檢定、描述性統計分析、相關統計分析及迴歸統計分析；第七章為根據研究分析結果提出本研究的發現與建議。

第二章　行政機關的特性

　　行政機關為政府體制的一環。依政府機關體制，行政機關區分為中央機關及地方機關；中央機關又依我國現行憲政體制五權分立，設置行政院、立法院、司法院、考試院及監察院等五院，院下設部、會等二級機關及局、處等三級機關；地方機關分為縣（市）及鄉（鎮、市）等二個層級，採行專業分工，分層負責。其次，政府部門掌理眾人之事，在憲政體制下，行政機關各依組織法掌理政務，必須依法律命令規範人民權利義務，以及行政規則處理組織內部程序與事務，行政機關的法規可謂多如牛毛。再者，行政機關服務之公務人員，必須依公務人員考試法考試任用，其俸給、升遷及工作保障均有相關法規予以規範，致公務員經由考試任用後均得到應有及明確的保障。因此，在威權時期，公務員多以服從命令及奉公守法為準則，至近年民主開放後，公務員的專長與創意逐漸得到發揮，但是由於政治的干擾及法制的扭曲，公務員也漸有多一事不如少一事及少做少錯的觀念。從上述的體制、法制及公務員價值觀顯示，行政機關已形成一種獨特的專業組織文化。

　　行政機關在傳統上被歸類為 Weber（1974）的官僚體制及 Taylor 的科學管理制度。然而，自 1980 年開始，英、美、加、德、日等先進國家興起「新公共管理」的概念，以作為推動行政機關改革的圭臬。而新公共管理的改革思潮，強調行政機關必須強化效率與課責等管理議題，期在經濟理論與市場誘因激發下，大幅提升行政機關

的改革績效。新公共管理主張行政機關應朝專業管理、績效導向、產出控制、公共服務部門的解體、提升競爭力、引進企業管理精神，以及杜絕資源濫用等方向發展（Hood，1991；孫本初，2005：9~10）。上述新公共管理的措施與觀念，近十餘年在台灣公共行政的研究及行政機關的改革方案，亦常被提及；然在行政機關組織結構與制度不易改變下，Weber 的官僚體制及 Taylor 的科學管理仍然存在於行政機關中（蘇進芬，2002：86）。

一、行政機關的特色

（一）層級節制

　　行政機關係由不同層級機關及各個層級不同職位編制而成，所有機關及職位皆作層級的安排。也就是說，每一低層級機關及職位必須受高一層級的機關及職位的監督及控制，且每個層級機關與職位皆有明確的職責。這種上下層級彼此隸屬及上級指揮下級的關係，在行政機關的組織系統中可以明確的顯示，例如中央機關行政院下設二級、三級或四級機關，甚至行政院為計畫、預算及人事等特定目的，設置研考會、經建會、工程會、國科會、主計處、人事局及秘書處等機關，負責對主管機關相關業務的監督與控制；又行政院所屬各機關每年度施政計畫計約兩千餘項，分成行政院列管、部會層級列管及部會所屬自行列管三個層級，而院列管計畫又依計畫性質區分，社會行政計畫由研考會列管，公共建設計畫由經建會及工程會列管，科技計畫由國科會列管，由於個別計畫性質難以明

確區隔，形成計畫管制作業層層節制、重複管制的情形。而機關內部如部、會等二級機關設司（處）及科，以及幕僚研考、人事、會計及政風等單位，職位由首長、副首長、主任秘書、司（處）長、副司（處）長、專門委員、科長、專員及科員等編配而成，其權責自然形成一個層級系統，逐級指揮與控制。

　　行政機關強調的層級節制，固然有利於行政機關的管理與控制，但往往造成溝通不良，下情無法上達，或上層命令無法貫徹的現象。又因層級節制的架構，亦易形成權責不清、相互扞格的情形，但逢問題或事件發生時，卻有緊張對立的情況，常見互相推諉、相互推責的現象。

（二）法規體系

　　依我國法制體系層次區分憲法、法律、命令及行政規則，根據行政院法規會截至 2006 年 12 月的統計，法律（含法、律、條例或通則）計 695 項，行政命令（含規程、規則、辦法、綱要、標準或準則）計 3823 項，而各機關根據法律或行政命令、或組織職掌所訂定的行政規則更難以估計。依法規體系關係而言，下層的法規不可牴觸上層的法規；又政府為管理某特定目的事業，均個別立法訂定不同法規，各自依法行使特定職權。另行政機關為維護業務正常的運轉，行政機關內部每一項業務均有固定的程序可供遵循；行政機關訂定有一致性的抽象法規體系，明訂每個職位的權利與責任，可幫助每個層級系統活動，執行業務時依既定的法規辦事，這種法規體系可確保行政機關持續的運轉，並可確保公務人員行動的一致性與穩定性。

　　行政機關的體制建立在法理的基礎上，依循法規運作，但法規常有過於繁複，疊床架屋，造成彼此衝突，或法規未明確具體規定，造成解釋上的偏差與執行上的困難，又行政機關常受制於法條規範，不能因時因地制宜，降低了組織效率與合理性；且法律之修訂過於繁複，常受黨派政治的考量，彼此妥協結果，新訂定的法律，未必符合現實社會所需；特別在社會環境急劇的變遷下，新的問題不斷產生，致部分問題無法可資遵循，亦無前例可以參考的現象。

（三）專業分工

　　行政機關組織中的各個單位或職位都給予明確分工，職有專司，每個成員必須精熟自己負責的工作。雖然專業分工可產生專精的知識，增進組織效率；但是，如果過度分工結果，將會造成部門間彼此溝通協調上的困難，降低組織的生產力。例如 1997 年 12 月《自由時報》揭示了花蓮海洋公園開發案，業者自 1990 年開始籌設，進行開發案的申請，歷經七年時間，經由政府部門公文往返蓋了 817 個章（經調查超過這數字），開了無數次的會議及進行重複多次的會勘，方取得雜項執照。該案經邱吉鶴和黃小秋（1998）進行個案研究分析發現，花蓮海洋公園非都市土地使用變更審查包括土地使用、建築管理、地政、環保、水土保持及中央地方等 62 個機關，由於審查標準不一、公文層轉繁複及重複會勘等造成行政效率不彰。而且行政機關皆有一套個別的管理與獎懲制度，目的在激勵員工士氣，提高組織效能，然專業分工的結果，常造成各自為政的現象，公務人員常以保護自己為前提，可能產生有功則爭、遇過則推，爭功諉過，互踢皮球，造成行政機關產生許多流弊。

（四）依法行政

　　行政機關承襲官僚體制的工作氣氛，也就是正式化並依法辦事，組織內各職位相互間彼此交互作用，或對外界服務有關事務之處理都有統一的格式；行政機關公務人員處理業務必須依循一定的程序，逐級而上。依法行政雖合乎客觀合理的決定，但易形成緊守法令而不知權變的現象。若法令合乎時宜，依法辦事，則屬合理；若法令不合時宜，緊守法令，則讓人有僵硬而不知權變之感。組織成員交互作用公式化、刻板化，影響所及，工作士氣受到打擊，組織效率亦易受到影響；又行政機關文書作業依循一定的程序簽報，固然可以達到品質管制之效，亦可明確組織成員權利、義務與責任，有助行政業務的正常運作，但公文從收文到發文之間，歷經層層關卡，既費時又缺乏效率，對緊急事件之應變能力會降低，容易因顧及程序而延誤時效。

（五）政治干擾

　　我國中央政府結構依憲政五權分立體制設置，行政機關必須受立法機關及監察機關監督，這種結構設計確實能達到權力制衡的作用。但是立法委員由民意選舉產生，除每年二次定期立法院會期對行政院及所屬機關首長提出質詢外，每年立法委員書面質詢亦達百件以上，詳如表 2-1，立法委員為了符合政黨利益及個人選票的考量，亦常有為某特殊群體利益及人民的請託，運用政治的手段或立法的技術干擾行政運作的情形。監察委員為政治任命，常因其個人背景對行政業務的瞭解及辦案業績的需求，根據行政院研考會統計

如表 2-2，每年監察院糾正與調查案件達數百件，亦造成行政機關業務的干擾，以致行政機關遇到法規具有裁量權力或法規規範較為模糊事項，不敢有較宏觀或大膽的作為，形成行政措施推進緩慢的現象。

表 2-1　近五年立法委員對行政院及所屬機關書面質詢案件統計表

年度	2002	2003	2004	2005	2006
案件數	165	151	131	191	210

資料來源：行政院研考會

表 2-2　近五年監察院委員對行政院及所屬機關糾正及調查案件統計表

年度／區別	2001	2002	2003	2004	2005
糾正案	57	111	187	300	160
調查案	134	303	430	637	388
合　計	191	414	617	937	548

資料來源：行政院研考會

註：2006 年以後，因新任監察委員未產生，故未有統計案件。

（六）保守文化

　　行政機關公務人員大都經由國家考試進用，並得到工作的終身保障。因此公務員進入行政部門後流動率甚低，根據銓敘部截至 2006年 12 月的統計，中央機關公務人員平均年齡為 42.69 歲，平均年資為 15.9 年，這些數據都高於一般企業及非營利機構的員工。其次，行政機關公務人員長期接受依法行政、奉命行事的觀念，公務人員

任用與升遷亦建立考試任命及逐年考核逐級升遷的制度，這些觀念與制度確實有益於行政倫理的建構。但公務人員長期服務在層層監督環境及升遷緩慢的制度下，養成了多一事不如少一事、少做少錯的被動心態；更由於工作績效與報酬難以配合，創新的錯誤可能受處罰的情境，亦長期形成了公務員保守的文化與價值觀。

　　綜合以上分析，行政機關的制度本身是以控制為手段，以提高效率為目的，故能使行政業務正常的運作，不致造成脫序的情況，但過度的科層化卻也形成溝通不良、難以適應外在社會快速變遷的現象。Weber 明確的指出，官僚體制本身只是一種明確的工具，可以為任何目的、任何利益與權勢服務；官僚體制本身也是一種目的理性，以工具本身能否達到目的來衡量工具設計的合理性。在此種組織結構下，個體必須改變自己，重新適應與遵循組織既定的一套價值模式與互動形式，此種組織的特徵是透過嚴密的、既定的運作形式，達到組織既定的目標與績效，也是此種組織的特色（蘇進棻，2002）。

二、行政專業特質

　　行政專業特質係指行政機關為適應環境及取得行政資源，所具備有異於企業或非營利組織之獨特的組織結構、制度、規範或行事標準。行政機關依循 Weber 的官僚體制建稱，採用 Taylor 的科學管理制度運行，為何進入二十一世紀管理創新的時代，行政機關得以不受天澤淘汰法則的影響，乃能生存不滅，此方面機制理論

（institutional theory[1]）提供研究者許多有用的參考（徐木蘭、陳朝福、劉仲矩、黃河明、姚惠英，1998：44）。

　　機制理論主張組織應遵循社會規範價值或廣為社會人群所接受的法則，以期望獲得合法，以及取得充分的資源，係屬組織生態理論研究領域之一。惟與資源依賴理論及交易成本等理論不同，資源依賴理論與交易成本理論主張偏重於技術環境及任務環境，著重在經濟層面；機制理論則偏重探討制度的整體環境對組織的影響情形（引自徐木蘭等，1998：44）。

　　機制理論根據學者以社會學的內涵分類，可歸納為四種（Scott；1987：493~511）如表 2-3，茲分析如下：

　　1、機制化是一種慢慢灌輸價值的過程（institutionalization as a process of instilling value），主要學者為 Selznick（1957），認為機制化為一調整的過程，組織的結構在反應參與者的特質、承諾及外部環境的影響，以及其受限制的調整管道，產生出組織的內部價值。

　　2、機制化是一種創造事實的過程（institutionalization as a process of creating reality），主要學者為 Berger and Luckmann（1967），認為機制化是行動者採取一再重複行為之後，與其他個體間產生共同意義的過程；此一學派尚

---

[1]　所謂 Institutional theory，黃俊英等(1988)在《行銷思考》一書中，將 Institutional School 稱之為體制學派（黃俊英等，1998：76）；徐木蘭等（1998）〈在環境變遷下資訊業生態形成的軌跡──以開放組織觀點探討電腦周邊產業〉一文中，將 Institutional theory 稱之為制度理論（徐木蘭等，1998：43~50）；作者在國立台北大學修習戚樹誠之組織理論研討課程中，戚老師稱之為機構理論，Institutional theory 主要在討論組織結構及制度與環境間關係，因之，本文將之稱為機制理論。

有 Zucker（1987）和 Meyer and Rowan（1977）等學者，
綜合這些學者的論點，機制化亦是社會化的過程，透過此
一過程創造群體的共識，而產生合適的、基本性、有意義
的行為。

表 2-3　機制理論主張之比較分析表

區別	價值灌輸過程論	社會化過程論	信念集合論	組織多樣論
學者	· Selznick（1957）	· Berger and Luckmann（1967） · Zucker（1977） · Meyer and Rowan（1977）	· Mayer and Rowan（1977）	· Huges（1939） · Hertzler（1961） · Friedland and Alford（1987） · Swidler（1986）
重要主張	機制化是一種慢慢灌輸價值的過程，認為組織的結構係反應參與者的特質及外部環境影響的調整過程。	機制化是創造事實的過程，透過社會化過程創造群體的共識，產生合適的行為。	機制化系統是一群元素，強調組織結構及存續的特殊元素，並受形成過程及理性迷思及信念的影響。	機制化為不同社會領域的綜合體，強調多樣化的信仰系統。
評述	機制化過程被視為有意識的設計及介入性活動，但 Selznick 僅說明機制化過程的定義，未進一步說明此過程如何發生。	偏重群體或員工創造共識過程，對組織結構及制度形成未進一步論述。	偏重領導者理論作為及組織價值信念，對不同組織型態的差異未明確說明。	認為不同類型組織其結構、制度及價值具差異性，組織隨生態環境及內部價值生存而調適。

資料來源：本研究整理

3、機制化系統是一群元素（institutional systems as a class of elements），主要倡導學者為 Meyer and Rowan（1977），強調機制化的信念系統建構了一群足以構成組織結構，與推動組織存續的特殊元素。認為組織的形式不但受到複雜的關係網絡、交換過程的影響，而且還受到「理性神話」和共同分享的信念系統的影響。

4、機制化為不同社會領域的綜合體（institutionals as distinct societal sphere），主要學者包括 Huges（1939）、Hertzler（1961）、Friedland and Alford（1987）、Swidler（1986）等，強調多樣化的信仰系統，包括宗教、工作、家庭及政治等觀點。

機制理論（institutional theory）認為一個組織採取某項措施或設計一個組織結構，主要在於期望獲得合法地位，以及取得賴以維生的資源為主要目的（DiMaggio and Powell，1983；Meyer and Rowan，1977；Zucker，1987；引自徐木蘭等，1998：43～46）。行政機關不受天擇淘汰法則的影響，其運作方式與一般營利組織不同，機制理論在這方面提供許多有用的參考。

機制理論強調環境對組織之社會與政治面的影響，認為組織變遷的過程是組織獲得社會認可與支持的機制化（institutionalization）過程，雖然該理論認為組織的生存之道在於反應外部技術環境或任務環境的需求，然其探討的重點為所有組織都是鑲嵌[2]（embedded）

[2] 所謂鑲嵌（embedded）一詞語意，係指注入或插入的意思；惟依鑲嵌理論（embeddedness theory）的定義，係指某一事件中的關鍵因素，例如信任關係是影響交易秩序或交易成本的關鍵因素（張健豪、黃琡珺，2001；33）。

於機制環境中，機制環境中的各項要素將會影響組織變遷的行動與方向，因此均須加入組織變遷的領域中考量。換言之，組織變遷的行動與方向不完全是來自技術環境或任務環境的經濟理性化的發展趨勢，環境中的資源是組織生存要件中的一部分，組織須在制度與規範的範圍內進行變遷，組織變遷是深受機制環境所制約的（徐木蘭等，1998）。

　　機制環境係限制組織變遷行動與資源交換的規範或制度，凡是過去發展的歷史、文化、組織間既存的關係網絡，皆屬於機制環境的範圍，主要包含兩個部分：一為外部環境中所有的法規和信仰系統，例如政治架構、慣例、文化規範、道德風俗、標準、成規以及該環境所認同的價值觀，即所謂的理性的迷思（rational myths）；其次為環境中的關係網絡系統（relational network）。特定的法規、信仰和關係網絡系統的相互作用，決定了環境中那一類型態的組織會成為優勢，而當這類組織愈來愈多時，則會使機制環境的變遷變為緩慢，並適應於當時的環境特質，亦即組織與機制環境之間具有相互依賴的密切關係。組織所使用的工具、技術及知識等並非組織所發明的，而是引自於外部環境，但對組織而言，這些環境不是完全屬於外在的客體；組織能將環境中的有關部份內化於組織的活動中，例如信念、規範、規則及互動關係等，都不是組織之外的客體，而是隱藏於組織的構成份子；無論是組織成員、顧客、或其它所有參與份子，均為社會文化的傳遞者，因而這些工具、技術、技巧及知識等所隱含的意義，均反映出機制環境的影響（徐木蘭等，1998：44）。

　　機制理論認為人是會被機制化的、被教育的，所以人的行事是會依據某些既定的制度。Scott（1987）認為，所謂機制化係指一種

社會秩序的認知過程，社會經由重複發生的活動，使活動者或活動本身被賦與相似的意義，即是所謂一種類型化（typification）的過程，此過程使人們對一些社會事實有共同的看法，也因而形成了社會秩序。Meyer & Rowan（1977）認為，組織本質上是一種機制化的結果，將組織視為一種機制（institution），一種社會秩序的集合，其形成受到環境中社會秩序的影響；而組織為了適應環境，會配合環境而改變，以取得公眾意見或法律上的支持，使其義務、行為、或對社會互動的規則被認定為適當的，而且具有正當性，組織因得到外部環境支持而生存與成長（徐木蘭，1998）。

機制理論雖然認為組織的生存之道在於反應外部的需求，但是組織變遷的方向與結果則深受機制環境的制約，因此，無論組織採用固守（adhere）或順從（conform）制度與社會規範等變遷方式，都是組織變遷的基本原則（Meyer and Rowan，1977；DiMaggio and Powell，1983；Zuker，1987）；而組織唯有能釐清其在機制環境中所受的影響，辨別制度來源與影響力，才能確實掌握組織變遷的機制與限制，以及變遷的方向與結果。機制理論極為重視組織的正當性地位，組織只要持續地遵從制度與社會規範，即使不是以符合技術效率的方式運作，也能因為符合社會的需求與期望而免於被淘汰；因此，組織變遷的驅動力可能不是來自競爭的壓力或促進效率的需要，而是來自組織正當性的需求，即使組織發生轉型，也勢必是趨向制度與社會規範所設定或認可的組織型態（徐木蘭，1998：46）。

綜上而言，機制理論所探討制度正當性的內容由於其不同的來源與意涵，可分成三個層次：

（一）制度規範

　　所謂制度規範係指來自組織外部的制度性壓力，經由具有正式結構系統所制定的規範（Zuker，1987），例如法律規範、行政規定及社會規範等。由於制度規範的來源擁有極大權力，組織必須遵守這些法令規章，現代社會最具代表性的制度創立與執行者，為政府部門所制定的法令規章。組織必須把這些制度規範涵蓋於組織的行政程序，並配合組織政策執行政令。

（二）專業規範

　　所謂專業規範係指組織因專業化（professionalization）過程所形成的一套價值觀念與行為標準，為組織或組織成員的共識，共同願意遵循的專業規範，也就是組織所共同界定的工作的方法，一種獨特的認知與正當性。例如就行政機關而言，內政、國防、財經、外交、教育、環保及衛生等機關，每一機關都有其專業法規，每一部門都有其一套工作準則與標準，各機關的員工認知與價值觀也有相當大的差異，這些都是組織長期發展形成的專業特質文化。

（三）社會規範

　　所謂社會規範係指來自與組織運作直接或間接相關的社會一般大眾的規範。Scott（1987）認為，社會一般大眾所認可與支持的運作規則，本身即可成為一種資源，各個組織必須遵守這些運作規則方可取得正當性，因此對這些運作規則制定有影響力的人或組織，

也因而擁有某種有價值的權力。Zuker（1987）認為，由於組織往往不能獲得定性的環境變遷資訊，決策者在策略選擇上有理性上的限制，因此組織在面臨突如其來的環境變遷時，經常模仿同業中其它重要組織的適應策略，與其它組織採取相同的策略，以降低被環境淘汰的危險性。例如行政機關遇到突如其來的社會事件，都會模仿類似事件處理機制或模式，以強化其社會的認同。

綜合上述機制理論內涵的三個層次，吾人可以發現制度規範與專業規範最能展示一個組織的專業特性，且其特性的穩定性及持續性較強；而社會規範常因外部環境變化影響，其變動性較大，故本文參考機制理論主張的制度規範及專業規範，作為本研究行政機關專業特質的構念。

三、行政首長與常任文官的互信

信任是維護誠實名譽的價值（Beccerra and Gupta，1999：182~183），提供行動與集體行動的基礎；信任是分享想法並付諸行動，以及競爭優勢的主要來源，同時也是組織生存的必要要素（Barney and Hansen，1994，引自謝俊義，1993：97）。行政首長與員工間建立信任關係，將有助於行政機關人力及資源的運用，主動落實政策的執行，提升組織的績效。但是，不信任關係也常存於政治任命的首長與常任文官之間，導致過度依賴法規、制度、流程及形式主義等徒增浪費了大量的行政資源，阻礙了行政的改革創新。而信任存在於行政機關的作用，可從社會資本理論加以解釋。

　　近年來，社會資本一詞逐漸受到重視（Bourdieu，1986；Coleman，1990；Putnam，1993，1995a，1995b，2000；引自謝俊義，2001：88），社會科學界之所以重視社會資本的議題，在於其強調人類互動的核心理念──信任關係。Putnam 認為社會資本是自我強化與累積而成的，有堅厚社會資本的社羣可以促進溝通，減少個人投機主義，以及建立合作文化的社會信任與網絡關係；Coleman（1990）認為，社會資本包含二種特徵：一為組成社會結構的面向，另一為結構之內促進個人的行動。社會資本如同人力、財務、物質等其他型式的資本具有生產力，使得某些無法達成的特定目的可能達到。社會資本不同於其他型式的資本，係存在於個人之間的關係結構，並非是個人所能產生的，也不是存在於物質的生產（Coleman，1990）。

　　Fukuyama（2000）認為，沒有社會資本，即無公民社會；無公民社會，即無成熟的民主社會。社會資本為促進團隊合作的非正式價值或規範，當團隊的成員預期其他成員的行為都是誠實可信賴的，自然產生信任，而信任是使組織運作順暢的潤滑劑（Fukuyama，2000）。社會網絡的建立與維持並非先天就自然存在的，它需要投入才能產生回饋（Bourdieu，1986），而社會資本投入的回饋正是依靠互惠機制，以確保可以獲取報酬；因此，回饋機制缺乏的話，社會資本的投入就不可能累積，為了確保社會資本的累積，必須建立自主性（autonomy）與連結（linkage）的回饋機制（引自謝俊義，2001：93）。

　　信任是普遍存在於組織所有層次，建構著組織間運作的關係，並透過組織化及共同認同的規則、規範或價值觀建立信任感。信任是社會關係的關鍵因素，彼此間的信用才可以分享想法並付諸行動；信任同時也是競爭優勢的主要來源，以及組織生存的必要要素（Barney and Hansen，1994）。其次，信任可以直接導致組織結果的

產生,如個人、單位或組織績效,以及影響管理過程如衝突、承諾
或合作等;而社會資本是鑲嵌於提供信任、合作與集體行動基礎的
網路關係,人與人相互間的知識與認同形成了個人信任的基礎。但
是,從博奕理論而言,行動者從事有目的的計算,乃是基於可能受
到其他人欺騙的利益與成本權衡的結果,而信任則是基於維護誠實
的價值(Nahapiet and Ghoshal,1998;Beccera and Gupta,1999)。

組織信任不同於個人信任,是它源於組織成員間所形成的網絡
規範,制約個體到集體權力的濫用,藉由這樣的規範賦予成員外部
的利益(Gregory,1999),組織信任可以提升志願順服的層次,減
少契約與監督的交易成本,使組織成員間合作更為順暢(Putnam,
1993;引自謝俊義,2001:97)。

領導者與部屬間的信任問題,經常由於資訊不對稱的因素所引
發,徒然增加組織內交易成本,而充分的信用關係可以避免逆德危
機與隱藏行動,以及倒行逆施的選擇行為(Williamson,1985;Moe,
1984;North,1990)。社會學者認為透過人與人相互學習的組織文
化,可以成為信任基礎(March and Olsem,1984;DiMaggio and
Powell,1991),領導者最重要的角色是在營造合作信用的文化,創
造最大公約數的誘因結構,藉以激勵成員達成目標。按博奕理論的
觀點而言,當自利的個人需要彼此達成互利結果的合作情境,就會
出現潛在的多重均衡,參與者可以相互察覺彼此間的需求(Robertson
and Tang,1995)。而缺乏信任基礎勢必導致過度管理,政治責任亦
無法釐清管理實務所出現的問題,進而嚴格的限制彈性、授權與裁
量(Rusio,1996)。Miller(1992)認為要產生組織信任承諾(credible
commitment)的最有效方法,在於建立提供員工參與組織制度的建

構，例如讓員工參與提供決策意見，增加員工對組織決策的信任（引自謝俊義，2001：98）。

綜合上述，部屬是否感受領導者能夠誠心對待他們，領導者是否具備專業領導與人際關係能力，領導者個人的信念是否一致，以及領導者所允許的承諾是否能夠實現，都將影響領導者與部屬間的信任關係。本文將參採社會資本主義的核心理念——信任關係相關主張，作為本研究值得信任的構念。

四、行政機關績效管理制度

我國行政機關之績效評估制度，最早實施的為 1949 年頒布之公務人員考績法及根據考績法訂頒之公務人員考績法施行細則，主要為對全國公務員進行之個人年度績效考核；其次，為 1951 年實施之行政院所屬機關考成辦法，根據該辦法考核內容的發展，經歷組織績效考核、政策（計畫）考核及施政重點工作考核等不同時期，主要變動原因為首長重視施政面向不同，以及評估結果公平性遭質疑而調整（邱吉鶴，2001）；到 2000 年政府執政黨的輪替後，新政府順應先進國家績效管理風潮，於 2002 年先後訂定「行政院所屬機關施政績效評估要點」及「行政院暨地方各級行政機關實施績效獎金及績效管理計畫」，前者為參照美國政府績效與成果法（government performance and result act；GPRA）所推動之組織績效評估制度，後者為依績效管理與激勵理論所推動之組織內單位（團體）及個人績效評估制度。就上述四種績效評估制度的重點內容整理如表 2-4；行

政機關之不同績效管理制度，就可評估標的（對象）、評估構面、績效指標及評估結果應用等面向彙整如表 2-5。

表 2-4　行政機關績效管理制度彙整表

法規類別	公務人員考績法及其施行細則	行政院所屬機關考成辦法	行政院所屬機關施政績效評估要點	行政院暨地方各級行政機關實施績效獎金及績效管理計畫
公布時間	1949 年	1951 年	2002 年	2002 年
法規主管機關	銓敘部	行政院研考會	行政院研考會	行政院人事行政局
適用範圍	全國公務人員	行政院所屬機關中央其他機關及地方政府準用	行政院所屬機關	全國各行政機關
評估構面	個人	政策（計畫）	組織	單位（群體）及個人
評估目的	公務員年度績效表現，作為個人年度考績依據。	評估行政機關年度施政計畫執行績效，達到施政目標程度。	評估行政機關組織整體績效，引導組織策略發展與改革。	將行政機關績效管理與績效獎金制度結合，激勵團隊合作與個人表現。
評估指標	個人之工作、操行、學識及才能	政策之作為、執行進度、經費運用及行政作業	組織之業務、人力及預算	施政及革新工作、個人貢獻程度
評估方法	經由主管人員評擬、考績會初核、機關首長覆核，送銓敘部銓敘審定	重大政策(計畫)經由主管機關自評、上級機關初評，再送行政院複評；其他政策（計畫）由主管機關自評。	經由主管機關自評，再送行政院複評	由主管機關成立績效委員會自行評估

評估等第	分甲、乙、丙、丁四等	分優、甲、乙、丙四等	分特優、優、甲、乙丙四等	團體績效分三級以上等第,個人衡酌貢獻程度
激勵方式	作為發放年度考績獎金依據	績優執行機關頒發獎牌,績優執行人員記功嘉獎	績優機關頒發獎牌,績優人員公開表揚及記功嘉獎	頒發績優團體及個人獎金

資料來源：本研究整理

表 2-5　行政機關績效評估之結構與內涵

評估標的	評估構面	使用指標	評估結果應用
組織層次	業務 人力 經費	業務目標達成率 人力運用與精簡 經費執行效率及節省	不同型態組織依評估構面之業務、人力及預算等三面向選擇其績效指標,訂定衡量基準,並就評估結果作水平比較。
群體層次（部門）	政策作為 政策執行 經費運用 業務創新	政策挑戰性與目標達成率 政策執行效率 預算執行率 業務創新數量	依群體（部門）執行之政策訂定績效指標及衡量基準,並就評估結果作水平比較。
個人層次	工作態度 工作表現 品德操行 學識經驗	工作配合度 執行工作表現 個人品德 專業知識與經驗	依公務人員考績法及施行細則明定,全國公務員一體適用,並依評定等第作為發放考績獎金依據。

資料來源：本研究整理

行政院研考會為推動各機關組織層次施政績效管理，特依據行政院所屬各機關中長程計畫編審辦法、年度施政計畫編審辦法及施政績效評估要點，訂頒行政院所屬各機關施政績效管理手冊（2006），茲就重點摘述如下：

（一）策略績效目標

1、擬定方式及內容

(1) 基於施政績效管理之目的有助於提升行政院所屬各機關業務績效，因此，各機關應依前述之概念，由首長召集內部單位與所屬機關（必要時得邀請專家學者）成立任務編組，採目標管理及全員參與方式，規劃機關整體發展願景後，再依據此願景訂定「業務」、「人力」、「經費」三面向策略績效目標。

(2) 各面向策略績效目標內容如下：業務面向為各機關依組織及業務特性所定之執行目標；人力面向為「合理調整機關員額，建立活力政府」目標；經費面向為「節約政府支出，合理分配資源」目標。

(3) 各機關所訂策略績效目標總數目為 5 至 10 項，其中應包含人力及經費面向之策略績效目標各 1 項，業務面向之策略績效目標 3 至 8 項，機關業務性質較為特殊者得酌予增減。

(4) 「業務」、「人力」、「經費」3 面向策略績效目標應分別賦予權重，其權數配置各為 70%、15%、15%。

2、擬定原則

(1) 策略績效目標應具備策略性、綜合性與整合性，不以機關內部單位及所屬機關別或數目做為各策略績效目標之擬定、分項依據。

(2) 策略績效目標另應同時具備代表性（可涵蓋機關重點業務推動成果）、客觀性（可依客觀方式加以評估）、量化性（可具體衡量）、穩定性為原則。如因業務特性致績效目標內容無法具備前述原則者，應敘明理由並提出其他適當目標。各機關在訂定目標值時應力求挑戰性、適切性，並提出可供比較之基礎資料。

(3) 依成果設定目標有困難或不適切者，得改依產出設定目標。

（二）衡量指標

係指各機關為進行施政績效管理，設計一套衡量策略績效目標與年度績效目標實現程度之指標系統，俾能從事比較作業。簡言之，衡量指標即各機關做為衡量策略績效目標與年度績效目標是否達成的工具，該指標依性質可分為「共同性指標」與「個別性指標」，其意義分述如下：

1、共同性指標：各機關共同適用之衡量指標，包括行政效率、服務效能、人力資源發展、預算成本效益、電子化政府及促進民間參與公共建設等 6 類。

(1) 行政效率：指反應「簡化組織流程」等相關指標，意即衡量各機關透過流程簡化或創新，妥善分配投入之時間、物力、財貨、勞務，達成提升產出之指標。

(2) 服務效能：指反應「提升顧客服務」、「降低服務成本」、「提升服務水準」等指標，意即衡量各機關運用資源提供公共服務之執行成果指標。

(3) 人力資源發展：指「機關年度各類預算員額控管百分比」、「機關精簡精省超額職員人力達成百分比」、「分發考試及格人員比例」、「依機關年度施政計畫新增業務、機關或整併機關員額運用與政策執行之配合度」、「機關人力控管達成情形——依規定應出缺不補（含應精簡員額）之員額」、「機關人力控管達成情形——依規定應移撥或撤離之員額」、「依法足額進用身心障礙人員及原住民人數」、「終身學習」、「組織學習」等指標。

(4) 預算成本效益：指「各機關當年度經常門預算與決算賸餘百分比」、「各機關年度資本門預算執行率」、「各機關中程施政目標、計畫與歲出概算規模之配合程度」、「各機關概算優先順序表之排序與政策優先性之配合程度」等指標。

(5) 電子化政府：指「網路線上申辦服務」、「憑證應用服務」等指標。

(6) 促進民間參與公共建設：指「簽約金額責任額度達成率」、「簽約案件數達成率」、「列管案件數」等指標。

2、個別性指標：由各機關依組織任務及業務性質自行訂定之
　　衡量指標。

（三）評估方式與結果

1、評估方式

　　根據行政院研考會編印的近三年（2004-2006）行政院所屬各機
關施政績效評估報告顯示，行政機關施政績效評估作業行政機關分
為自評、初評及複評三個階段。首先由各機關根據其年度訂定之績
效指標進行自評與初核作業，再送由行政院辦理複核。而評估標準，
在 2004～2005 年採取特優、優等、甲等及乙等四個等第評定；2006
年評估結果以燈號顯示，綠燈代表「績效優良」、黃燈代表「績效尚
可」、紅燈代表「績效尚待加強」及白燈代表「績效尚待客觀證實」，
評估標準如表 2-6。

2、評估結果

　　根據行政院研考會編印之近三年（2004-2006）行政院所屬各機
關施政績效評估報告顯示，2004 年度受評估機關計 37 個，評定特優
機關 4 個，評定優等機關 27 個，評定甲等機關 6 個，各機關績效評
定結果較集中在優等；2005 年受評機關 38 個，評定特優機關 2 個，
評定優等機關 27 個，評定甲等機關 9 個，各機關績效評估結果仍集
中在優等，顯示行政機關績效表現優良。2006 年受評估機關 39 個，
該年度採績效指標燈號表示績效結果，不作受評機關橫向績效結果的
比較，惟從各機關所得燈號差異中仍可顯示當年度績效的不同；整體

而言，2006年行政院所屬各機關計訂定1,487項衡量指標，經行政院複核結果，評估為績效良好的綠燈1,014項（68.19%），評估為績效尚可的黃燈有358項（24.08%），評估為績效尚待加強的紅燈有72項（4.84%），評估為績效待客觀證實的白燈有43項（2.89%），由上述評估結果資料顯示，2006年行政機關整體績效仍屬優良。

表2-6　2006年行政院所屬各機關績效評估標準表

燈　號	評　估　標　準
綠　燈 （績效優良，以符號☆表示）	1、目標具挑戰性，達成或超越目標值，且確有結果面之績效產出。 2、目標甚具或極具挑戰性，達成度在90%以上，且確有結果面之績效產出。
黃　燈 （績效尚可，以符號▲表示）	1、雖達成目標值，惟目標不具挑戰性。 2、目標略具挑戰性或與上年度相同，達成度在90%以上，未滿100%者。 3、目標具挑戰性，達成度在85%以上，未滿100%者。 4、目標甚具或極具挑戰性，達成度在80%以上，未滿90%者。
紅　燈 （績效尚待加強，以符號●表示）	1、執行有缺失，遭民意機關或大眾媒體質疑且確有事證者。 2、目標值達成度未達80%。 3、重要工作事項未依原訂進度完成。 4、欠缺具體績效情形。
白　燈 （績效尚待客觀證實，以符號□表示）	1、評估體制或評估方式不客觀。 2、未依先前設定的評估體制進行評估。 3、以活動、程序或產出取代結果績效呈現。 4、工作推動初期，績效尚不顯著。 5、其他績效未顯現情形。

資料來源：行政院研考會。

第三章　領導行為

　　本章從領導的涵義、領導理論的演變及領導屬性等相關文獻進行分析，並對文獻之相關限制加以評述，提出本文領導屬性構面。

一、領導的涵義

　　領導是二人以上特定影響關係（Hollander and Julian，1969；Janda，1960；Bowers and Seashore，1969；Jacobs，1970），透過領導者組織活動能力（Stogdill，1948；Hemphill and Coons，1957；Szilagy and Wallace，1983；Morphet et al.，1982；Yukl，1989；Jacobs and Jaques，1990），創造一種理想氣氛（Hanlon，1968），說服他人（Davis，1972；Kerr and Jermier，1978；Jago，1982；Rauch and Behling，1984；Koontz and Weihrich，1990），達到特定的目標（Tannenbaum，Weshler and Massarik，1961；Mintzberg，1985）。就領導的內涵而言，領導是以「人」為中心，包括領導者與追隨者；而領導者透過組織活動或行為影響追隨者，其領導活動包括設定群體目標、建立群體凝聚力、改善成員互動品質及運用資源等活動（Carwright and Zander，1968）；在領導活動的過程中，領導者必須給予追隨者自信自負和受到尊重，清楚的傳達組織目標、願景，給

予追隨者關懷與引導,提升其智能,轉化其個人利益,追求組織的理想願景(Bass,1985)。

近年學者對領導的學術研究,逐漸趨向領導實務作業方面的研究,也就是研究為何會有卓越領導者的出現。一位卓越領導者在領導過程中扮演什麼角色及做了什麼事?他們多認為領導統御與實務作業有關(Kouzes and Posner,2003),本文將這些學者主張稱之為實踐論者。根據領導理論文獻相關學者的主張,領導者必須具備目標管理、溝通能力、激勵技巧、績效評估、決策能力、專業技巧、授權、緊急應變、體恤員工及時間管理等條件;必須具備以身作則、喚起共同願景、挑戰舊方法、促使他人展開行動及鼓舞人心等能力(Kouzes and Posner,2003);在組織中領導者應扮演創造者、營造者及改造者角色,領導的精髓為明確一致的策略目標,強固堅定的執行力及領導價值觀的實踐(Davis,1997);而在領導的過程中,領導包括發現策略議題、系統評量組織氣氛、尋找組織創新能力、轉變組織文化與價值及重建全新組織等五個流程(Dreachslin and Saunders,1999);在組織整體管理及經營過程中,領導者必須確立方向(願景、顧客、未來)、展現個人風格(嗜好、正直、信任、分析能力)、鼓舞員工(獲得支持、權力分享)及帶動組織(建立團隊、創造改變)(Ulrich,Zenger and Smallwood,1999)。整體而言,領導者的職責就在於建構一套完善的績效管理系統,採取有效的管理方法,帶領組織創造最佳的績效。

領導非單純指部屬(追隨者)對領導者的服從,成功的領導者的共同特點為具備啟發、影響和激勵其他人進行改變而取得一定目標的能力(Pierce and Newstrom,2002)。Hollander and Julian(1969)將領導描述成一個過程,一種影響關係,一個領導者與追隨者之間

的交易，一個有所區別的角色，一種被追隨者定位的形勢因素和一種交流關係（Pierce，2000）。領導過程是一種複雜而動態的交流，這種交流過程由領導者、追隨者、內容和結果產物四項要素所構成，亦所謂領導的涵意。

其次，Pierce and Newstrom（2000：5~7）提出 12 種領導的定義，包括：1.領導是以整體的過程為重點的；2.領導者的特性及其影響；3.領導是一種行動或行為；4.領導是取得目標的手段；5.領導是互動效果的形成過程；6.領導是個有所區別的角色；7.領導是促使組織結構形成的因素；8.領導是使他人順從的藝術；9.領導是實施影響力的過程；10.領導是進行說服的形式；11.領導是權力關係；12.領導是二個或多個成員之間的互動，經常涉及到情況的形成和重組，以及成員的觀點看法和期望值。由上述 12 種領導的構成要素，可充分顯示領導的涵義。

從領導理論的發展文獻觀之，特質理論注重在尋找傑出領導者應具備獨特的特質；行為理論重視領導者在組織內的行為如何影響追隨者及組織績效；情境理論主張領導者個人特質或行為必須與內外工作環境的配適；魅力理論強調領導者具備的特質屬性對追隨者的影響；實踐理論講求領導者在組織中實際應扮演的角色；綜合學者的定義，領導的構成要素包括組織、環境（情境）、領導者特質、領導間關係、領導者能力、領導者任務及領導目的等，彙整如表 3-1。綜上所述，本文將領導定義為：領導者依其組織特性及環境因素，對追隨者所採取的影響行動或行為過程，以達成組織的創新價值與目標。

表 3-1　領導的涵義彙整表

要　素	内　涵	理論基礎
組　織	公司、機關（機構）、團隊、單位。	
環境（情境）	隨組織的產業、性質、結構、任務、時間等因素採取不同的行動。	情境論
領導間關係	領導者影響追隨者的能力。	魅力論
領導者特質	身體特徵、社會背景、智商、人格、任務等相關特徵及社會特徵；自信、熱忱、魅力、正直、宅心仁厚、謙沖為懷、意志堅強、勇敢無畏。	特質論 魅力論
領導者行為	員工與工作導向；結構與體恤領導風格；極權與民主方式；依追隨者成熟度採取授權、參與及教導等行為。	行為論
領導者能力	目標管理；溝通能力；激勵技巧；績效評估；決策能力；專業技巧；應變能力；體恤員工；時間管理等。	實踐論
領導者任務	以身作則；確立組織願景、目標、策略；挑戰舊方法；激勵員工展開行動；建立策略人力資源並鼓舞員工士氣；創造學習的組織環境。	實踐論
領導的目的	改善生產力，提高工作效率；影響員工態度與想法，使員工為組織任務與目標貢獻；改革創新，提升組織績效；創新組織文化。	實踐論

資料來源：本研究整理

二、領導理論的演變

本文依領導理論發展，將領導理論區分為特質論者、行為論者、情境論者、魅力論者及實踐論者五個階段，根據領導理論的演進文獻顯示，自 1940 年代開始，領導理論的發展從以領導者特質為研究的重心，直至近代新領導理論的產生，各理論在發展時期，依學派不同觀點與研究角度的差異，皆對領導提出不同的看法。本文依時間序列分類，整理各學派主張如表 3-2，並分析評述如下：

1、特質論者：為最早期的領導理論，以領導者（領袖）所具備的人格特質為研究對象，歸納出成功的領導者須具備的共同特質，並主張領導者某些才能與特質是與生俱來的。但是，後來學者發現並沒有任何可信、一致的領導特質存在，想要訂出一組理想而放諸四海皆準的領導特質是不可能的（Stogdill，1948）。就研究方法上而言，許多領導特質是不易測量的，且特質論者研究重點較偏重於以領導者為中心，對於領導者應扮演的角色及領導的活動較少著墨。就管理面而言，領導者具有的特質，相對於在非領導者（追隨者）身上亦可能發現，特質論者亦較少考慮追隨者及環境因素等，許多學者認為以內隱的人格特徵為研究，對領導的現象不具實質的意義。

2、行為論者：研究的重點是以領導者的行為風格為中心，認為有效的領導可以從特定而能被觀察出來的行為區分出來，只要領導者具有良好的行為風格，就可以有好的領導績效。就研究方法而言，領導者的行為風格是因，而領導

效能是果，但卻忽略了不同的情境下領導行為所受到的影響，亦未能以追隨者的角度思考與領導者之間的互動影響。此外，在管理面而言，領導的內容應不只是行為風格或關心員工與關心生產，領導者在帶領組織活動過程中，如何提出組織願景、目標、策略，作業流程的創新改革，員工的激勵與績效評估制度的建立等，都與領導效能及組織績效有關。

3、情境論者：研究的重點結合了特質論、行為論及情境論，以領導者和情境因素的交互結果來預測組織的效能。就研究方法而言，情境論者主張影響組織效能的變數包括領導者特質與行為、追隨者意願與動機，以及工作的環境等三種。但是，根據 Kerr and Jermier（1978）的實證研究發現，領導行為、環境因素及部屬動機因素三者間的交互作用會相互抵銷，例如有些情境變數不但抵銷領導行為，更進一步直接影響追隨者（部屬）的工作成果（Howell，1997）。就管理面而言，在現實的環境中，領導者都同時面臨一連串複雜而快速的環境變化，領導者能否擁有多樣行為組合，來面對錯綜複雜的組織環境，仍是個疑問。

表 3-2　領導理論主張之比較分析表

區別	特質論者	行為論者	情境論者	魅力論者	實踐論者
年代	1930~1940	1940~1960	1960~1970	1980~1990	1990 以後
學者	·Stogdill (1948) ·Gibson (1977) ·Ghiselli (1963)	·Fleishman (1953) ·Black and Mouton (1964)	·Fiedler (1964) ·House (1977) ·Vroom and Yetton (1973) ·Hersey and Blanchard (1977)	·Conger and Kanungo (1988) ·Bass (1985) ·Burns (1978) ·Robbins (1994) ·Sashkin (1988)	·Davis (1997) ·Ulrich, Zenger and Smallwood (1999) ·Kouzes and Posner (2003)
重要理論	特質理論	·領導行為 ——體恤與主動結構 ·領導方式 ——員工與生產導向	·權變模式 ·路徑目標理論 ·領導者參與模式 ·情境領導模式	·魅力型領導理論 ·交易型領導理論 ·轉換型領導理論 ·願景式領導理論	·領導者角色 ·領導者能力 ·領導者條件 ·領導者實務要領
重點主張	領導者有某些與生俱來的才能或特徵。	認為有效的領導可以從特定而能被觀察出來的行為區分出來。	有效領導必須為領導者本身的變數與情境變數相契合。	強調領導者本身的魅力以及對追隨者的影響。	強調領導者必須具備的條件與領導統御的能力。領導能力是歷練與學習出來的。

評述	學者發現並沒有可信、一致的領導特質存在，想要訂出一組理想而放諸四海皆準的領導特質是不可能的。（Stogdill，1948）	無法成功確認領導行為的型態與團體績效間一致性關係。未考慮到被領導者的狀況及環境條件的變化。	領導者都同時面臨一連串複雜而快速環境變化，領導者能否擁有多樣行為組合，來面對錯綜複雜的組織情境，仍是疑問。	善於利用權力與情境等有利因素，激發員工求新求變的意願與能（Bennis and Nanus，1985）。成功領導者能否具有共同魅力，仍未證實。	領導者能力是必須具備的，可以經由學習而成長；可適應不同類型組織與環境快速的變化。

資料來源：本研究整理

4、魅力論者：研究的重點以領導者特殊能力（魅力）為核心，認為領導是追隨者知覺到領導者行為，並接受其想要影響的行動。就研究方法而言，雖然魅力論者強調領導者如何運用其特殊能力（魅力）來轉換（變）組織中某些要素，以提昇組織的效能；但是學者研究的重心不盡相同，有的主張以領導者影響追隨者（Bass，1985；Bennis and Nanus，1985），有的主張領導者應從如何改變組織行為及影響組織文化為主。就管理面而言，魅力領導者目標在尋求完全徹底的改革，但是在不同情境、組織結構因素及追隨者認知情況下，不同的領導者是否都能具有相同的領導特殊能力（魅力），領導者魅力是否可經由學習獲得，或是否可以找到共通性的領導者魅力，尚無法證實。

5、實踐論者：近代學者研究趨勢重點為一位卓越的領導者應扮演的角色，應具有的能力、條件及實務要領，本文將之稱為實踐論。就研究方法論而言，實踐論者的假設前提為

一個組織的領導者不全然是可以選擇的，其領導者特質或領導行為是隨個人存在而不易改變的；其次，組織的工作環境（情境）是不易改變的。在上開假設前提之下，我們只能了解一位將成為或已成為領導者，他在組織中應扮演什麼角色，以及其應具備什麼能力、條件或實務要領，與領導效能及組織績效有較高的相關性。就管理面而言，一個組織的領導者是不可能隨時更換的，尤其是層級型的官僚組織，如果依情境的改變，隨時更換領導者，在組織內似乎是不可能的。但如果一位領導者能認知到，帶領一個成功的組織其應扮演什麼角色，或應該做什麼事，且做這些事是可以經由學習的，在管理應用上將具有重大意義。

綜合上述領導理論發展的分析，實踐論者的假設前提及其所提出的領導者應具備的條件或採取的方式，頗為符合行政機關的領導模式，本文將其作為領導行為研究的理論基礎。

三、領導屬性分析

領導者在組織中扮演著靈魂角色，而領導過程中應採取什麼策略，才能帶領組織產生績效，即所謂有效的領導者應具備何種領導屬性，為本研究探討的重點之一。綜合前述領導理論相關主張，領導者屬性大致包括嗜好、特質、能力、行為、風格、動機、價值技術與性格等項目，主要可以歸納為三大類，分別為 who they are：領導者是什麼樣的人（價值、動機、個人特質、性格）；what they know：

領導者知道什麼（技術、知識）；以及 what they do：領導者做些什麼（行為、能力）。Ulrich，Zenger and Smallwood（1999）在其合著 Results-Based Leadership 一書中，綜合領導相關的研究提出領導屬性模型架構如圖 3-1，在此模型中發現領導屬性的關鍵元素包括個人性格、知識及行為，也就是認為領導者必須做到什麼、知道什麼與成為什麼樣的人，Urich 等認為大多脫離不了四個領域：展現個人風格、確定方向、鼓舞員工及帶動組織（引用唐明曦譯，2003：18~21），茲分析如下：

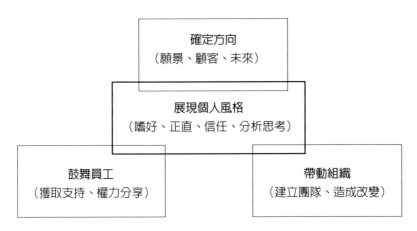

圖 3-1　領導屬性模型圖

資料來源：引自唐明曦譯（2003：21）。Ulrich, Zenger and Smallwood (1999), Results-Based Leadership: How Leaders Build the Business and Improve the Bottom Line

（一）展現個人風格

　　領導者個人成長及學經歷等背景不同，都有其獨特的行事風格。Bennis（1989）曾說：這或許是我個人的偏見，但是領導力其實就是性格問題罷了；變成領導者的過程和變成一個人格完整、健康的個體過程，其實大同小異。就追隨者而言，他們需要一個值得信任、能夠溝通及具有信心的領導者，Kouzes and Posner（2003）將其稱為「可信度」因素，同時將誠實、激勵能力、公平與支持等，定義為重要的屬性，認為具備個性的領導者經常是以身作則，為自己和別人創造出正面的自我形象，同時展現高度的認知能力與個人魅力。而能以身作則的領導者，通常多能堅持遵守自我的價值觀，樹立優良的典範，作為追隨者的榜樣；其次，領導者均會創造自我正面的形象，擁有自信，態度謙遜，展現超凡的認知與卓見，具備超越常人的動力；另領導者為了展現高度的認知能力與個人魅力，多能展現開放的心胸及高瞻遠見，具備自我學習的能力，嘗試新的事物，並對外在資訊的接受度很高，不怕挑戰，處理複雜、模糊與矛盾情況的事物很有效率。

（二）確立方向

　　領導者必須為組織找到未來的定位，帶給員工未來的希望，為服務顧客創造價值。在未來的定位過程中，領導者必須提出清楚明確的使命、願景、策略、目標及價值觀，激發員工的參與感（Friedman and Langbert，2000），有效分配組織的資源，實現組織的績效。而領導者要決定未來的方向，必須知道與做到的有三件事：瞭解外在

環境、著眼未來,將願景化為具體可行的行動。在瞭解外在環境方面,必須準確掌握國際、政治、經濟及社會環境的動態,瞭解服務顧客的需求及組織內、外可利用的資源;在著眼未來方面,必須展現創造願景的信念,透過組織的傳達與溝通,與員工共同建構組織的願景、目標、策略及價值觀,作為組織共同努力及遵循的基準;在願景化為行動部分,將願景轉換為具體的經營(執行)計畫和法規,設定年度執行達成的績效目標,建立完善的經營環境(Richards and Engle,1986;Sashkin,1988)。

(三)鼓舞員工

領導者要將願景化為實際行動,必須讓員工願意投注心力,配合組織的行動計畫。領導者必須將對未來的期待,轉化為員工平日的行為與行動中,讓員工對組織的願景、目標產生認同感,全心全力的奉獻;而如要希望得到員工的認同,領導者必須做到與員工建立良好的互動關係,分享權利與榮耀,讓員工知道他們的努力對組織目標的達成是具有貢獻的。在建立與員工互動關係上,領導者應採取鼓舞、支持與鼓勵取代判斷、批評與評估,以建立互信,孕育組織生命共同體的觀念;在分享權利與榮耀上,領導者應具備兼容並蓄的意願與能力,用尊嚴行使權力,儘量授權員工,鼓勵員工參與決策,運用分享權力與資訊來凝聚員工的力量,創造員工能貢獻給組織最佳才能的機會;領導亦可透過激發潛力及表彰活動等方式,影響組織成員產生態度與想法的改變,願為組織的任務與目標貢獻(Nadler and Tushman,1990;Robbins and Alvy,1995)。

（四）帶動組織

領導者必須建立組織能力，即為組織創造價值的流程、實務與活動，將組織方向變成指令，願景變成行動，目標變成流程。領導者必須具備至少五項能力：建立組織基礎建設、善用組織多元性、運用團隊、設計人力資源系統，以及創造改變。而在建立組織基礎建設方面，領導者必須展現整合、分配資源、指揮各種計畫行動的正式領導能力，主動與員工溝通計畫執行的資訊，提供員工不斷改進所需的鼓舞與資源，為組織的目標創造熱情的支持；在善用組織多元性方面，領導者必須容忍不同性別、族群或階層多元文化的發展，善用人際手腕解決衝突，鼓勵不同部門或羣體間合夥與合作關係；在運用團隊方面，領導者應鼓勵非正式的團隊形成，解決跨部門或緊急發生的問題，並給予績優團隊適當的鼓勵與回饋；在設計人力資源系統方面，領導者應建構員工公平競爭與升遷的環境，建立員工績效評估制度，並創造組織學習及員工進修的文化，鼓勵員工不斷提升個人的競爭能力；在創造改變部分，領導者應扮演策略性改變的觸媒者與管理者，鼓勵員工質疑與挑戰現況，不斷地尋求以更快速、簡便方法提供顧客更好的產品或服務，並將外部及員工的意見作為組織變革的刺激。

Ulrich, Zenger and Smallwood（1999）認為，領導者工作需要的不僅是性格、知識和行動，還必須講求績效，必須將領導屬性與績效連結，即就是應該明確地將目光放在所欲達成的績效，然後找出與績效相關的特定屬性；將注意力轉到領導績效方面，可以提高領導者的整體品質與效率，在這種情況下鎖定的領導屬性，將能確保帶來價值。領導者應將兼顧完成什麼（績效）與如何完成（屬性）

兩方面，如果不注重績效，不論領導者擁有多少屬性，終將因缺乏效率與效果，在任期內無法產生貢獻；擁有屬性卻不能達成績效的領導者，就像滿腦子點子，卻不執行的人一樣，傳授自己尚未做到的事情，或描繪出美麗的願景，卻無法完成，這表示僅在實現領導者自我的屬性。雖然領導者可以因個人的魅力而廣受歡迎，但是卻無法永遠留在員工記憶中，因為領導者過於偏重他們是誰與知道什麼，而不是能完成什麼。缺乏屬性卻能達成績效的領導者，則經常發現他們的成功不過是曇花一現，因為這些領導者只知其然，而不知其所以然，所以無法從成功中學習，並複製成功；對他們而言，為達目的可以不擇手段，所以成功就像晨光中的露珠一樣，稍縱即逝。缺乏屬性的領導者或許帶有一點鬼才，但是性格上的缺點，阻礙了他們的領導能力，他們可能會壓榨員工，或犯下致命的錯誤。因此，成功的領導者必須密切連結屬性與所欲得到的結果，才能獲取持久的績效。

相同的，Kouzes and Posner（2003）利用個案分析和問卷調查方式，經由二十多年不斷探討組織領導過程，找到卓越領導經驗中最常見的五項實務要領，包括：以身作則、喚起共同願景、向舊習挑戰、促使他人行動及鼓舞人心，二位學者認為這五項實務要領，是領導者為組織成就非常之事時都會採用的（引用高子梅譯，2004：14~46），茲分析如下：

（一）以身作則

領導者必須釐清自己的價值觀（values），然後結合行動與組織共同價值觀，豎立榜樣。Milton Rokeach（1973）指出價值觀就像持

久不變的理念，可分成兩組：手段和目的。以樹立楷模所說的價值觀，是指如何做好事情，也就是手段性價值觀（means value）；而組織的價值觀是長遠的目的性價值觀（ends　value），它是領導者和追隨者渴望獲得的東西。如從價值觀的手段與目的觀之，二者均與績效管理的願景、策略、目的及流程管理息息相關。

（二）喚起共同願景

　　領導者必須具備前瞻性，勾勒出組織未來的願景，爭取他人的支持，培養組織命運共同體的觀念。領導者之所以與眾不同，在於他能提出更高的理想及價值，喚起組織成員的自覺（Burns，1978），並將願景與價值觀具體化，建立完善的經營環境（Richards　and　Engle，1986；Sashkin，1988）；領導是一種帶領社群塑造未來的能力，持續建立有意義的變革環境（Senge，Kleiner，Roberts，Ross and Smith，1994）。如就領導者建構組織願景、提出具體行動方案及建立完善經營環境觀之，均與績效管理價值系統中之政策（策略）價值、設定目標、作業流程、支援活動及組織行為活動等構面工作具相關性。

（三）挑戰舊方法

　　領導者必須不斷尋找新的機會，以創新促進變動、成長和改善；不斷鼓勵員工進行實驗和冒險，從錯誤中學習成長。領導是轉換組織成員的心靈到一個有動機且可執行的高層次境界（Parry，2000），影響組織成員產生態度與想法的改變（Robbins，1994），讓員工擁

有工作的資源、技能和知識（Yukl and Nemeroff，1979），使員工為組織任務和目標貢獻。從領導者鼓勵創新、改變與培養員工技能和知識觀之，與績效管理價值系統中之策略、作業流程、支援活動及組織行為活動等構面工作具有一致性。

（四）促使他人展開行動

　　領導者應該推動合作性目標、建立互信，促進團隊合作；藉由權力下放和分享，強化追隨者（員工）的分量。領導在組織內互動的貢獻，可分為三個層次：1.第一線領導，2.內部網路連絡者，3.高階領導者（Drucker，1998）；領導者必須能夠激勵部屬，營造組織共同的願景與目標，在過程中讓部屬參與（Friedman and Langbert，2000），並提供指導和支援，以確保個人配合團隊目標（Evans，1974；House and Mitchell，1974）。從領導者發展組織合作關係、授權及鼓勵員工共同參與觀之，與績效管理價值系統中之策略、設定目標、作業流程、支援流程、評估與控制及組織行為活動等構面內涵相關。

（五）鼓舞人心

　　領導者應經常感謝員工個人傑出的表現，肯定其貢獻；並創造社群精神，大力頌揚價值觀與勝利成果。領導者應建立人力資源策略指標（Buhner，1997），激勵部屬（Levine，1994；Friedman and Langbert，2000），引發其信心和熱忱，共同贏得組織競爭優勢。如從領導者建構人力資源策略、激勵創新及表揚成果觀之，均與績效

管理價值系統中之策略、目標、流程創新、績效評估及組織行為活動重點工作相關。

綜合上述顯示，Ulrich，Zenger and Smallwood（1999）提出的領導屬性模式及 Kouzes and Posner（2003）提出的領導五項實務要領，二者對於卓越領導者應具體的領導屬性頗為相近，如表 3-3，且二者均認為領導屬性必須與組織績效相關。

表 3-3 領導屬性主張之比較分析表

屬性別	因　素	Ulrich, Zenger and Smallwood（1999）領導屬性模式	Kouzes and Posner（2003）領導實務要領
領導者是什麼樣的人	價值、動機特質、性格	展現個人風格	以身作則
領導者知道什麼	技術、知識、能力	確立方向鼓舞員工帶動組織	喚起共同願景鼓舞人心向舊習挑戰促使他人行動
領導者做些什麼	行為、能力、技術		

資料來源：本研究整理

根據上述領導屬性的分析，本文領導行為的變數採用實踐論者的主張，除因實踐論者，假設前提為一個組織的工作環境與領導者不易改變外，實踐論者認為領導者應具備的領導屬性，已經由實證

的研究。尤其實踐論者的研究中，Kouzes and Posner（2003）提出
的五大領導實務要領包括以身作則、喚起共同願景、向舊習挑戰、
促使他人行動及鼓舞人心，係經由大型的實證研究，研究範圍包括
五大洲的政府機關（構）及企業組織，花了二十多年時間多次調查，
至今其研究結果效度與信度仍相當穩定，且國外已有一百五十篇以
上博士論文運用其研究結果（高子梅譯；2004：14-46）。

第四章　績效管理

　　本章從組織績效相關文獻中,分析組織績效的涵義、組織績效理論的發展,並就近代組織績效管理的重要研究加以分析與評述,提出本文組織績效屬性之價值鏈。

一、績效管理之涵義

　　行政機關績效係指組織和人力活動的一個結果(de Waal,2001b),而績效管理乃是整合了組織文化、流程、程序,以及管理員工、創造學習和持續改進等一系列活動(Saltmarshe,Ireland and Mc Gregor,2003)。換言之,行政機關績效的內涵包括了二個部分:一為如何(How)提升組織績效,一為達成什麼(What)組織成效(Taylor and Sumariwalla,1993)。組織經營常訂定意欲達成的目標,即以成效的數字或完成的服務作為達成與否的具體績效衡量指標;事實上,績效目標的達成有許多相關的影響因素,如以組織運作的價值鏈來看,其中主要活動與支援活動各自都有其價值的產生,這些價值產出也就是構成組織績效價值的綜合體。

　　行政機關組織的存在均有其使命或任務,在於提供特殊的服務為其標的顧客服務。因此,顧客的需求及對提供服務的滿意度為組織績效的核心,國際標準組織(International Organization for

Standardisation；ISO）提出 ISO9000：2000 模式如圖 4-1，展示了組織活動的運作過程，組織為了滿足顧客的需求，必須投入相關的資源，經由評量、分析、資源管理等活動，產出滿足顧客需求的產品，在系統運轉過程中，持續不斷的改善產品品質，這意涵著組織績效具有動態改變的本質（Najmi，Rigas and Fan，2005：110：112）。

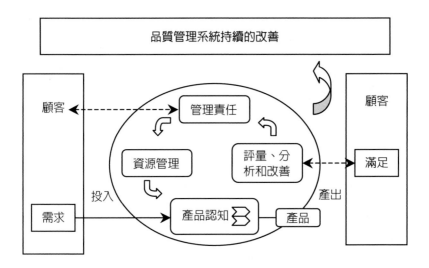

圖 4-1　ISO9000：2000 模式圖

資料來源：引自 Najmi, Rigas and Fam (2005：111), ISO(2000).International Organization for Standardisation, Geneva

再者，吾人可以從績效管理的觀點定義組織績效的內涵。人力資源管理寶典一書，描述績效管理乃是管理一個組織或個人的績效（H. M. Treasury，2001）。雖然這並非文獻上紮實的定義，但卻能

說明績效管理的廣度，且很難確定其範圍、活動和執行層面，亦即明示績效管理係屬組織管理一個多構面活動的結果。在績效名詞辭彙（glossary of performance terms）一書，更進一步提出績效管理包括組織中任何層級（個人、部門或整體）應加瞭解及採取行動的績效相關議題（IdeA，2003）。因此，績效管理含蓋績效評量、制度和流程，為組織中人員管理及作業流程等相關議題，包括領導、決策、影響別人、激勵、創新和風險管理等有助改善組織績效事項。Harte 定義績效管理為一套有系統的管理活動，用來建立組織與個人目標以及如何達成該目標的共識，進而採行有效的管理方法，以提升目標達成的可能性。Adnum（1993）認為績效管理的焦點為策略規劃（strategic planning）、管理控制（management control）及作業控制（operational control）。Saltmarshe, Ireland and Mc Gregor（2003）提出績效的三個主要架構為目標（goals）、績效評量（performance assessment）及績效管理（performance management）。由上述學者的見解與主張顯示，組織績效管理的內涵包括策略規劃、目標設定、執行作業及績效評量等流程。

二、績效管理理論的發展

　　組織績效理論隨著不同時期組織使用管理的工具，以及學者研究績效的構面而異。1970 年代早期，組織注重生產過程投入資源的有效運用及產出的結果，學者提出公平（equity）、效率（efficiency）、及效能（effectiveness）三 E 模式等績效評估制度；1980 年代，學者

認為組織績效不是評估出來的，而是規劃與管理出來的，學者逐漸提倡應重視績效管理活動，而有績效管理的主張；1990 年代以後，學者認為外部環境變化快速、組織內部資源有限，必須要有願景與策略引導組織資源有效運用，並注重作業流程的管理，而有不同學者提出不同策略績效管理（strategic performance management；SPM）的理論，彙整如表 4-1。茲分別就績效評估、績效管理及策略績效管理相關理論分析比較如下：

（一）績效評估

　　績效評估為績效管理多元本質的領域中，廣泛和有效的調查。Peter Drucker 認為管理工作的基本要素之一，就是衡量與評估，對於組織成員之績效而言，很少有其他因素如此重要。他認為管理者必須用衡量回饋他們的努力，從有系統方法建立自我控制。OECD（1994）提出績效評估的主要目的為提供較佳的決策與改善整體產出的結果，為公部門現代化與行政革新的關鍵因素。學者認為績效評估與績效管理不完全相同，如要清楚的定義評估，係指二個活動間關係的有形影響，成功後是具有效用的（Hatry，1999）。

　　根據績效評估相關文獻，Neely，Gregory and Platts（1995）將績效評估用最嚴格的觀點定義為：有效率和有效果的行動之量化過程。Neely（1998）繼續指出績效評估組織的三個相關因素，包括：

表 4-1　組織績效相關理論主張之比較

區別	績效評估	績效管理	策略績效管理
定義	績效評估係指一個組織為其特殊目的，選擇適當的績效指標，針對評估標的（組織、政策、個人）進行執行過程與結果的評量，以引導組織績效目標的達成。	績效管理係指組織對其有助於績效的活動，採取一套有系統的管理方法，以達成組織整體的績效目標。而組織績效活動包括目標設定、作業流程管理、激勵與溝通、鼓勵創新與學習、建立績效標竿及績效評估等。	策略績效管理係指組織管理以策略為核心，結合組織的資源與作業流程，採取一系列有效管理活動，包括策略規劃、目標設定、作業流程管理、支援系統建構、激勵與獎酬制度、鼓勵創新與組織學習、建立績效標竿、績效評估及風險管理等，以創造組織價值及達成組織績效目標。
年代	1970 年代	1980 年代以後	1990 年代以後
重要學者	Drucker (1973) OECD (1994) Robbins (1990) Berman (2006)	Harte (1994) Adnum (1993) Saltmarshe, Ireland and McGregor (2003)	Kaplan & Norton (1992) Thompson & Strickland (2001) Verweire & Berghe (2004)
重要理論	3E 模式	管理系統活動 績效管理特徵	平衡計分卡 策略管理五大任務 整合績效管理（IPM）
重點主張	以績效評估引導決策與產出。 主張生產力 強調成果導向。	強調目標設定及系統流程活動管理。 強調過程與結果並重。	強調願景與策略引導、規劃與執行結合。 注重長期目標與多元績效。 結合策略、資源與流程管理。

評述	過於強調最後結果的績效，容易產生只注重短期績效，而忽略組織長期發展。績效是規劃與執行出來的，而不是評估出來的。	缺乏整合績效活動流程管理。在資源引導限制下，組織必須要有願景與策略引導。	為目前學者運用在績效管理及績效評估相關研究的趨勢。

資料來源：本研究整理

1、個別評估：為有效率和有效果的量化行動。

2、整體評估：為整體評估一個組織所有的績效。

3、支援設施：為資料的獲得、整理、分類、分析、解釋和傳播。

　　Ittner，Larcker and Randall（2003），Gates（1999），Otley（1999）等擴大績效評估定義的範圍，將績效評估定義為策略發展和付諸行動。在這些績效評估成長的文獻中，引用了「什麼是必須評估或做的事」，隱喻績效評估包括策略或目標發展，用績效評估行動改善組織績效。而績效評估與績效管理的區別在於，績效管理是一個活動的聚焦，包括目標或策略的達成。因此，Johnson and Broms（2000）指出績效評估是以管理價值為基礎，績效評估系統是績效管理過程的資訊系統，從績效管理系統中整理出有關的資訊（Bittitci，Carrie and Mcdevitt，1997）。

　　績效評估文獻中指出，不同組織績效管理與評估的目的，可以選擇不同類型的績效評估方法（Sean Nicholson-Crotty，Theobald and Jill Nicholson-Crotty，2006）。

依管理評估目的而言，Kopczynski and Lonbardo（1999）列舉五項目的，包括：確認好的績效、確定績效目標、比較判定績效、責任、建立聯盟和信任；Hatry（1999）繼續增加五項，包括：內部與外部預算活動、確認問題、評估、策略規劃及改善。後來 Behn（2003）將其目的減為八項，包括：評估、控制部屬、決定預算和需求、激勵員工、增進組織股東與政策首長關係、慶祝工作完成、學習計畫執行效率及改善績效。學者根據不同的績效管理與評估目的，提出不同類型績效評估方法，Berman anb Wang（2000）分析美國績效評估，將績效評估分為二大類型為：評估服務結果與品質及評量工作因素，而他們建議用這二大類指標來評估績效。De Lancer Julnes and Holzer（2001）提出三個類型評估指標，包括：效率、成本、利益和結果指標；計畫產出和影響指標；組織政策與流程組成成分指標。Behn（2003）提出評估績效需求結果及預算與分配決策效率二類型之衡量，Kravchuk and Schack（1996）提出預算、組織發展及改變組織條件與環境等多元指標；Berman（2006）在公部門及非營利組織績效與生產力一書中提出生產力的觀點，主張行政機關應有效率及有效果的使用資源，以達成組織最終結果的績效。Berman（2006）列出員工激勵、降低服務成本、密切伙伴關係、友善工作關係及運用資訊技術等策略。因此，學者認為，不同組織績效管理與評估目的，應運用多構面績效評估指標，才能進行完美的績效評估。

綜合上述，績效評估係指一個組織為其特殊目的，選擇適當的績效指標，針對評估標的（組織、政策、個人）進行執行過程與結果的評量，以引導組織績效目標的達成。

（二）績效管理

　　績效管理領域的發展起自不同來源，不同的管理技術和方法是
獨自發展的，例如財務和會計管理系統在控制或評估組織財務績
效；作業管理系統聚焦在生產或服務的改善和效率；策略在於發展
計畫訂定未來目標；人力資源在管理員工的績效。但是，不同管理
方法間是高度相關的，績效管理就是在聚焦不同方法和整合為一個
多面向方法來管理組織績效。因此，研究績效管理必須認知到其包
羅萬象的主題分布在整個組織，而績效管理起源於不同方法，包括
不同活動的規劃與執行，以確保績效目標的達成，引用不同方法去
表達績效管理的內涵。

　　回顧相關文獻[1]，學者分析績效管理體系中不同的工作職能，認
為績效管理內涵可依下列分類：

　　1、策略規劃：決定組織目標及如何達成。

　　2、管理策略執行流程：執行一個意圖策略。

　　3、挑戰假設：不僅聚焦執行一個意圖的策略，還要確保策略
　　　　內容仍然有效的。

　　4、檢查工作：注意期望的績效結果是否達成。

　　5、遵守約定：確信組織能達成最低限度標準。

---

[1]　(Archer and Otley, 1991; Atkinson, 1998; Bungay and Goold, 1991; Campbell et al., 2002; Dabhilaker and Bengtsson, 2002; Dumond, 1994; Eccles, 1991; Euske et al., 1993; Feurer and Chaharbaghi, 1995; Fitzgerald et al., 1991; Ghalayini and Noble, 1996; Kaplan and Norton, 1992, 1996b, 2001; Kellinghusen and Wubbenhorst, 1990; Lebas, 1995; Letza, 1996; Marr, Gray and Neely, 2003; Martins and Salemo, 1999; Martins, 2000, 2002; Martinsons et al., 1999; Neely et al., 1995, 2002; Neely, 1998; Otley, 1999; Rajan, 1992; Roberts, 1990; Schneier wt al., 1991; Sink, 1991; Vandenbosch, 1999)

6、直接與員工溝通：傳達什麼是個人策略目標必須達成的資訊。

7、與外部股東（顧客）溝通

8、提供回饋：告訴員工如何達成群體或組織所期望的績效目標。

9、評估與獎勵行為：激勵員工採取與組織策略及目標一致的行動。

10、建立不同組織、部門、團隊和個人的績效標竿。

11、建立非正式管理決策流程。

12、鼓勵改進和學習。

綜合上述，績效管理係指組織對其有助於績效的活動，採取一套有系統的管理方法，以達成組織整體的績效目標。而組織績效活動包括目標設定、作業流程管理、激勵與溝通、鼓勵創新與學習、建立績效標竿及績效評估等。

（三）策略績效管理

策略績效管理（SPM）系統與大多數傳統績效管理系統不同之地方，為其聚焦在策略（Sprinke，2003）。甚至，績效管理所使用的策略，必須確信能夠被執行及策略是有價值的，它也被策略文獻的學者當作策略控制系統（Asch，1992；Neely，1998；Preble，1992；Roush and Ball，1980；Schreyogg and Steinmann，1987）。IdeA（the improvement development agency）和 PMMI（audit commission performance management，measurement and information）歸納相關文獻學者的主張，將策略績效管理分為三個主要功能：

1、策略（strategic）：策略執行與挑戰。

2、溝通（communication）：角色定位、溝通方向、提供回饋及標竿學習。

3、激勵（motivational）：評估、獎勵、鼓勵改善與學習。

　　學者強調績效管理執行的重要方法就是從改變管理觀念開始（Bourne et al，2002；Kaplan and Norton，2001；McCunn，1998），在這樣觀念下，應依循下列策略績效管理執行因素：

1、高階管理者的同意、指揮和領導：開始時，高階管理者必須要有明確的策略、目標、評量指標，以及能夠被執行的績效目標。

2、管理者的參與和責任：如果沒有管理團隊，僅有高階管理者同意、指揮和領導是不夠的。因此，員工參與非常重要，邀請管理者和員工共同協助發展管理系統；利用員工參與，促進相互信任、瞭解和自我評量績效，包括使用人力資源及資訊系統功能等都是非常重要；更重要的，管理者必須負起績效管理的責任。

3、訓練與教育：員工在任何層級必須學習策略績效管理系統的原理，包括衡量、工具和程序（Frigo and Krumwiede，1999；Maisel，2001；Kaplan and Norton，2001）。每個員工可能用不正常、聚焦、遊戲和非法行動曲解資訊系統，所以，訓練和教育員工如何從事績效管理，以免發生不良行為，是非常重要的。

4、溝通和回饋：溝通因素被大多數文獻引用，大部分學者強調它是重要的，學者的報告先傾向聚焦在將評量結果回饋給員工（Forza and Salvador，2001；Howell and Soucy，1988；Keasey et al.，2000）。即使如此，還是有其他有關溝通部分影響績效管理的效果，變革管理文獻指出，口語或非口語溝通（例如演講、手式、談話、新聞和報告等），在特殊或一般績效管理時，用來清楚說明評量結果，或運用作鼓勵員工參與組織活動（Bourne et al，2002；Kaplan and Norton，2001；Quinn et al，1996；Schreuder et al.，1991）。

5、SPM 系統資訊設施：資訊系統的設計是為了有效的蒐集、分析和報導資料，假如資料有瑕疵，資料整合過程就會有錯誤，也會造成溝通和決策的不正確，因此，使用一個資訊技術系統支援這份工作是非常重要的。總之，一些原因需要使用有關資訊技術，像是技術能力、分項資料的摘取和操作，能夠提供高階管理者一個誘因，採用新的衡量工具（Wilson et al.，2000）。

Franco and Bourne（2004；163-174）提出非常重要影響績效管理運用的因素，這些因素受到變革管理文獻重大的影響，他們表示不僅需要管理一個績效管理系統的執行，並且要從觀念和績效管理方面持續的改變，包括：

1、公司文化：一個公司文化需要鼓勵團隊工作、自我解決問題、風險管理和企業家精神，另外強調需要有持續改善和使用 STM 系統的公司文化。

2、聯合：必須整合及連結個別策略和目標，做好管理者責任
　　和績效管理間配合工作。
3、檢討與更新：持續檢討組織策略、績效管理及流程管理，
　　把焦點放在績效管理的改善和學習驅動行動，聚焦在發展
　　行動計畫如何使績效衡量和目標間差距更小，以及檢討進
　　行中的流程。
4、溝通和報告：在執行中的績效和流程，強調必須要即時和
　　正式的回饋。
5、員工參與：鼓勵每個人參與發展績效管理制度，包括衡量
　　指標的選擇和定義，能夠降低管理者和員工在績效管理上
　　對抗，增加績效衡量的使用層次。
6、與報酬連結：連結激勵報酬和策略績效管理間關係，而相
　　關研究經常將激勵、獎金及報酬等字眼經常交替使用。
7、領導與指揮：行政支援、領導和指揮等，管理必須要有清
　　楚的責任，對評量及結果負責。
8、資料蒐集方法和資訊技術（IT）支援。

　　綜上所述，策略績效管理係指組織管理以策略為核心，結合組
織的資源與作業流程，採取一系列有效管理活動，包括策略規劃、
目標設定、作業流程管理、支援系統建構、激勵與獎酬制度、鼓勵
創新與組織學習、建立績效標竿、績效評估及風險管理等，以創造
組織價值及達成組織績效目標。
　　從前述文獻分析顯示，績效管理的研究隨著組織管理的需求與
技術發展，研究的課題由績效評估、績效管理，逐漸發展到策略績
效管理。由於不同年代研究者的課題不同，學者提出的主張亦各有

差異。就績效評估研究課題而言，在早期七〇年代需求不足，企業或非營利組織為生產導向，注重產品生產的效率與效果，如何降低生產成本，主張用績效評估工具引導決策與產出，強調最終的結果績效。雖然績效評估迄今在組織或個人管理過程中，仍然是績效管理重要的一環，惟組織績效是規劃與執行出來的，而不是評估出來的；且過於強調最後結果的績效，容易產生只注重短期績效，而忽略了組織長期的發展。

就績效管理的課題而言，在 1980 年度以後，學者逐漸感到組織績效只靠評估是不夠的，認為組織是由一系列活動組成的，必須在每一活動過程中採取有效管理方法，才能夠提升組織的績效；主張組織目標的設定及有系統的管理組織活動的每一流程，強調組織活動過程與結果的績效並重。惟此管理方法在今環境快速變化、組織資源有限狀況下，缺乏了一個整合和連結組織活動過程的工具，無法發揮績效管理的綜效。近二十年來，已經有學者提出策略績效管理觀點，主張以策略為核心，結合組織資源與作業流程，有效引導組織長期的發展及發揮管理的績效。

三、績效管理屬性分析

從前述績效管理的涵義與相關理論文獻分析中，我們可以發現近年學者的研究，逐漸趨向於策略績效管理的課題；根據相關文獻的調查統計，企業、政府機關及非營利機關已大都使用策略績效管理作為組織管理的工具。其次，吾人亦可從績效管理的理論發展中發現，學者對組織績效的定義範圍逐漸擴大，組織績效除了最後的

結果因素外，而影響結果及如何達成結果的因素，更是探討組織績效必須重視的關鍵因素（屬性）。本節就近代策略績效管理的重要研究進行分析，試圖找出影響組織績效主要因素（屬性），以作為本研究組織績效實證研究的基礎。

（一）平衡計分卡（balanced scorecard；BSC）

組織績效管理最著名和最能被接受的方法為平衡計分卡。根據統計資料顯示，2000 年美國的大企業中有 50%已經使用平衡計分卡，並且不久後將有 43%企業準備使用（Silk，1998）；另一項管理技術與工具的調查發現，在 2001 年北美洲大約有 44%企業已經使用平衡計分卡。

1992 年 Kaplan and Norton 提出平衡計分卡（Kaplan and Norton，1992），包括財務、顧客、內部流程、學習與成長等四個構面，當作一個績效衡量的系統使用，強調財務與非財務、內部與外部、領先與落後，以及短期與長期指標的平衡。經由多年研究的演進，逐漸強調組織願景及策略結合，而將四個構面轉變為組織驅動因子，即財務構面可使一個組織創造股東價值的持續成長；顧客構面在為目標顧客定義價值；內部流程構面在於要求內部流程的卓越以滿足顧客；學習與成長構面在衡量一個組織創新、持續改善和學習能力，如圖 4-2。

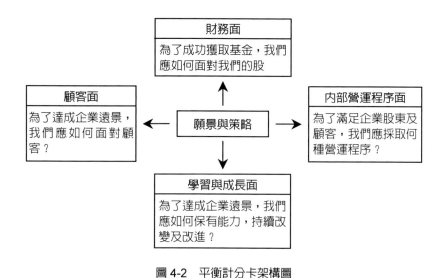

圖 4-2　平衡計分卡架構圖

資料來源：Kaplan and Norton (1996b). Linking the Balanced Scorecard to Srategy

　　檢視 Kaplan and Norton 自 1992 年起發表的平衡計分卡之文獻，可以發覺其內容隨著實務的應用，逐漸修正或補充。最初平衡計分卡被視為如同飛機的儀表板一樣，足以化繁為簡，使得高階管理者隨時能夠一眼就立即可看清楚複雜的資訊。其次，將願景與策略轉化為四個績效衡量構面，提供成為一種策略的衡量系統（strategic measurement system，1993）。接著，為了克服研究個案發生實際執行之問題，持續發展為策略管理系統（strategic management system，1996），此系統除了強調因果關係、結果與績效動因、與財務連結等三項原則，以設計出與策略相連結的績效衡量指標外，並將平衡計分卡向下推向單位與個人層面，以助於溝通企業及單位的目標與個人及團隊的工作執行相連結。此外，為因應現今資訊與知

識時代的環境改變，其又發展為平衡計分卡策略圖（strategic map），清楚的描繪出策略著眼於各個衡量項目與各項策略間的因果關係，並強調由上至下的建構方式，最終形成焦點策略型的組織（strategy-focused organization，2001）。

　　雖然平衡計分卡流行，但並不是沒有危機。Norreklit（2000）質疑不同衡量構面財務、顧客、內部流程、學習與成長間產生關係的存在，事實上這系統不能達到組織關係人的需求。Brignal（2002）對平衡計分卡提出相同的批評，認為績效變數間關係不限於線型的因果關係，應還有一系列的互動關係；此外，他認為平衡計分卡是不能夠平衡和整合的，例如關係人間不平等的權力會影響平衡計分卡各構面間的關係；最後，他強調一個事實，社會和環境面影響組織績效，常在主流的績效管理模式中被忽略。

（二）全方位計分卡（holistic scorecard；HSC）

　　組織績效衡量的目的，在於確保組織成功、完成顧客需求、瞭解作業流程、確認問題瓶頸、改善機會及根據事實做決策（Parker，2000），用不同方法投入績效的衡量。最近幾年來，績效評量好像是維持組織生存和成長的萬靈丹，1980 年績效評量聚焦在個別評量方法的創新，1990 年以後已逐漸走向整合性評量系統（Neely and Bourne，2000）。

　　Sureshchandar and Rainer Leisten（2005）研究軟體工業的策略績效管理與評量指出，在今混亂和非連續經濟發展的時代，組織經營環境常劇烈改變，軟體工業具有活潑、動態及不確定環境等特質。因此，在競爭的項目、技術的改進或文化的議題，必須採取一個開

放系統管理方法，有別於平衡計分卡提倡封閉系統方法（Hamel，1998；Kelly，1999）。他們認為平衡計分卡（BSC）是個封閉和高目標聚焦的工具，因有強烈的理論支持，具有其基本價值，故不會被放棄；但是用來處理資訊技術（IT）產業時，必須採取一些不同的方法。

其次，Sureshchandar and Rainer Leisten（2005）認為，平衡計分卡（BSC）並沒有注意到利益關係人（stakeholders）的需求。雖然平衡計分卡在財務構面思考到股東利益，顧客構面想到顧客需求，學習與成長構面注意到員工技術，但是對於員工軟性的議題不夠注意——誰是組織關鍵的關係人。另員工組織行為也是員工構面重要因素之一，員工相關議題關係到組織管理策略是否能成功執行，有必要當作單獨的領域進行探討。另外，組織不是在真空狀態作業，在組織營運作業中有責任去回應社會；事實上，社會性議題在全面品質管理文獻已經強調其重要性（Sureshandar et al.，2001）。

從達成組織策略的觀點而言，不同的組織必須採取不同衡量方法（Gautreau and Kleiner，2001）。Sureshchandar and Rainer Leisten（2005）的研究認為，IT 產業不同於其他產業，必須要有一個不同的績效管理與評量架構。他建議架構如圖 4-3，包括財務、顧客、內部流程、智慧資本、員工及社會等六個構面，稱為全方位計分卡（HSC）。同時他認為這構造至少具有三個目的，分別為策略衡量、願景預測及策略管理。

全方位計分卡績效管理架構描繪出目標與六個構面關係，聚焦在組織策略目標的執行。此外，每一構面必須揭示一些宏觀面關鍵成功因素（CSFS）及微觀面關鍵績效指標（KPIS），CSFS 和 KPIS

必須連結組織的策略,建構一個行動計畫作為藍圖,來達成組織設定的目標。

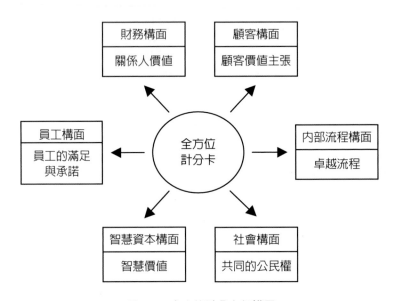

圖 4-3　全方位計分卡架構圖

資料來源:Sureshchandar and Rainer Leisten (2005), Insight from research Holistic Scorecard Strategic performance measurement and management in the software industry, Measuring Excellence.

(三)整合性績效管理
(integrated performance management；IPM)

　　整合性績效管理(IPM)概念,是 Verweire and Berghe(2003)所提出,他們認為 IPM 能夠協助組織規劃、執行和改變策略的流程,

為了滿足利益關係人（stakeholder）的需求，促進組織發展及執行組織策略，提升組織績效的期望。他們同時認為，假如組織能夠達成策略連結和成熟度連結，IPM 是個有效的工具。

策略連結被管理文獻認為是有效績效管理的必備條件，例如 Kaplan and Norton（2001）指出策略執行需要所有事業單位、支援單位及員工聯合和連結策略，這個有效績效管理方法提供了一個系統連結策略、資源和流程。因此，關鍵績效指標連結了作業流程與管理流程，抓住了經營策略的方法，是成功策略執行的核心（insitute of management accountants and arthur andersen LLP, 1998；Knight, 1998；Ashworth, 1999）。

Verweire and Berghe（2003）認為，如果想要發展策略連結概念，吾人需要非常清楚知道管理和作業系統什麼要素必須連結所有的策略。Garvin（1998）認為研究者想要描述組織功能，需要管理和組織上採取一個流程的觀點，因為流程能提供有力的鏡頭，讓我們瞭解管理和組織，這個流程理論已經在組織理論、策略管理、作業管理、群體動態和管理行為等研究上出現（Garvin，1998）。就策略管理而言，Porter（1980）提出的價值鏈（value chain）是個好例子，用流程觀點分析競爭優勢的來源（黃營杉，1999：151~153；黃營杉、楊景傅，2004：119~123）。

在組織層級，Verweire and Berghe（2003）認為一個事業可分為三個關鍵流程：作業流程、支援流程和管理流程，相同的分類亦發現在 Ashworth（1999）研究中。而作業流程包括創新、生產、產品銷售和顧客需求服務等流程；支援流程為支援作業流程和組織經營的需要（Garvin，1998；Porter，1980）；管理流程為如何完成所有的任務，聚焦在採取有效及合乎道德標準的方法達成組織目標

（Buelens et al，2002），管理流程包括：設定方向流程（規劃）、監督和控制、組織、員工和領導。Verweire and Berghe（2003）將上述流程重組，並考慮到工作過程中組織行為等面向，提出整合性績效管理（IPM）五個主要管理活動如圖 4-4，包括：

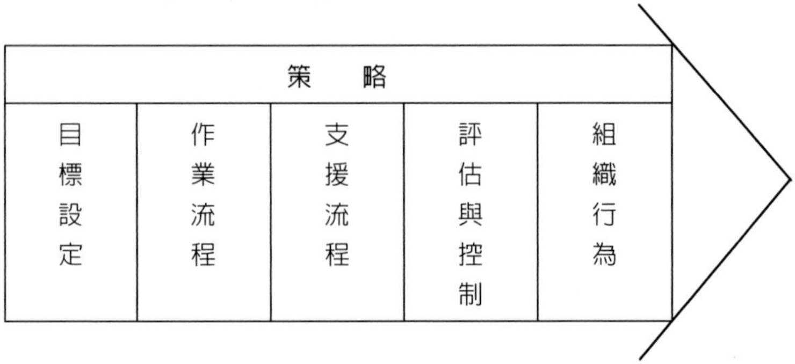

策　　　略				
目標設定	作業流程	支援流程	評估與控制	組織行為

圖 4-4　整合性績效管理架構圖

資料來源：參考 Verweire and Berghe (2003), ntegrated performance management：adding a new dimension, Management Decision 繪製

1、目標設定流程（goal-setting processes）

2、作業流程（operational processes）

3、支援流程（support processes）

4、評估與控制流程（evaluation and control processes）

5、組織行為流程（organizational behavior processes）

從上述三者的分析，我們可以發現平衡計分卡（BSC）在 1992 年 Kaplan and Norton 提出時，為一績效評估的工具，經由多年的使用及 BSC 系統的發展，逐漸為一個策略績效管理的工具，也是近十

年企業、政府機關及非營利機構廣為運用的管理工具，影響績效管理的概念至為深遠（de Waal，2003）；但 Sureshchandar and Rainer Leisten（2005）認為 BSC 為一封閉系統，缺乏思考動態因素。2005年 Sureshchandar and Rainer Leisten 的研究，提出全方位計分卡（HSC），係經檢討 BSC 的管理構面，增加了員工、智慧資本及社會等管理構面，使計分卡的內涵更為完整；但是否能完整找到影響組織績效因素，至今仍未有一適用不同組織的準則。

表 4-2　BSC、HSC 和 IPM 三者比較分析表

名稱　區別	平衡計分卡（BSC）	全方位計分卡（HSC）	整合性績效管理（IPM）
學　者	Kaplan & Norton (1992)	Sureshchandar and Rainer Leisten (2005)	Verweire and Berghe (2003)
內　涵	財務、顧客、內部流程、成長與學習	財務、顧客、內部流程、員工、智慧資本、社會	策略、目標設定；作業流程、支援流程、評估與控制、組織行為
理論基礎	組織理論、策略管理、作業管理	組織理論、策略管理、作業管理、產業動態、管理行為	組織理論、策略管理、作業管理、群體動態、管理行為、價值鏈
重點主張	強調財務與非財務、內部與外部、領先與落後，以及短期與長期指標的平衡　轉換策略為行動	主張產業動態的策略管理　主張採取開放性系統管理　運用 CSFS 和 KPIS 建構行動計畫	績效管理活動用流程觀點分析找出價值鏈　主張策略連結及組織成熟度連結

相 同 點	以策略為核心 主張多構面指標 組織活動的流程管理 同時為績效評估及績效管理的工具	以策略為核心 主張多構面指標 組織活動的流程管理 同時為績效評估及績效管理的工具	以策略為核心 主張多構面指標 組織活動的流程管理 同時為績效評估及績效管理的工具
相 異 點	封閉性管理系統 認為四個構面指標可調整適用於任何組織	開放性管理系統 主張產業動態管理，採用不同方法 注意環境與社會因素	策略＋組織活動＋組織成熟度 組織成熟度階段不同，採取的策略亦不同
評 述	平衡的觀點會受產業因素及績效變數間互動關係影響 外部環境和社會的動態亦是影響績效因素	影響組織績效的因素繁雜，實無法找到組織完整的績效因素 過多的因素考量將增加管理或評估的成本	務實從管理和組織流程找出價值鏈 策略價值將會影響管理流程執行和最後績效

資料來源：本研究整理

　　2003 年 Verweire and Berghe 的研究，提出整合性績效管理（IPM），從組織活動的流程分析，找出組織管理的價值鏈，並與組織策略及組織發展成熟度相互連結。此就三者比較分析如表 4-2。

　　本文主題其中之一為探討行政機關組織績效管理，經由上述分析比較，整合性策略績效管理提出的組織活動價值鏈流程，為一較切合實際的組織績效架構與內涵。雖然政府部門與企業性質不同，但其功能與目的都在創新或增加組織價值（Jackson，1995），故整合性策略績效管理所提出的目標設定、作業流程、支援流程、評估與控制及組織行為五項價值流程，亦可適用於政府機關。

第五章　實證研究設計

　　本章主要在說明如何達到研究目的，本文研究設計內容包括研究架構、研究假設、研究方法、問卷設計、抽樣設計以及資料蒐集與統計分析方法等。

一、研究架構

　　依據 House（1977）的路徑—目標理論（path-goal theory）主張具有效能的領導者，應該幫助部屬澄清可以達成目標的途徑，並排除途中的障礙與危險，使其能達成目標。同時 House（1977）的研究中，認為領導者的任務，在於假設領導者是否能調節其行為，以最適當的領導方式或行為，協助部屬了解努力的方向並產生努力的意願，從而獲取最大的領導效能。因此，領導者所面臨的變數為部屬及環境二項因素，當外在的資源過多或過少，或是部屬與領導者的特質不合時，則產生了無效的領導行為。本研究根據上述路徑目標理論的概念，建構本文實證研究架構如圖 5-1。

　　其次，依據系統理論的研究方法（systems approach），將組織視為一種系統架構，即組織是一系列投入（input）經由轉換過程（processes）及產出（output）的循環系統。依據本文的研究架構，行政首長的領導行為的投入，可經由行政機關的績效管理制度的建

構，進行政務的推動，健全的績效管理制度將影響各行政機關績效
結果的產出。系統理論同時主張以手段及目的來評估組織績效，由
系統的觀點來看，組織獲取資源，並透過轉換的過程而有產出；
因此，組織績效亦可以組織系統中所提供的資源及從環境中所獲
足夠且適當的投入來加以描述（Robbins，1990）。根據上述系統
理論的研究方法主張，本文將組織管理活動作為組織績效的衡量
變數。

　　本文研究主要目的在探討行政首長領導行為與組織績效管理的
關係，並剖析在行政機關專業特質及部屬對首長信任關係下，行政
首長領導行為對組織績效管理關係的影響。因此，本文研究架構將
領導行為當作自變數、組織績效管理當作應變數；其次，根據前章
行政機關特色及機制理論的文獻探討，行政機關組織結構、制度及
員工的專業規範，均有別於一般企業或非營利組織，本文將行政專
業特質當作行政首長領導過程的調節變數[1]；再者，行政機關同時具
備政治與行政性組織，行政首長常隨著政黨的輪替或政策的變動而
替換，根據前章社會資本理論的觀點，行政首長的領導作為常影響
與部屬間互信關係，而首長與部屬間信任關係，亦影響部屬配合首
長的政策推動行為，故本文將部屬對行政首長的值得信任程度，當
作行政首長領導過程中的另一個調節變數。

---

[1]　所謂調節變數或稱為干擾變數（Moderating　Variable），亦可視為第二種自變
　　數，因為其介於自變數與應變數之間，具有調節或控制環境因素的作用，對
　　因果關係具有情境的影響效果（古永嘉譯，2004:35）

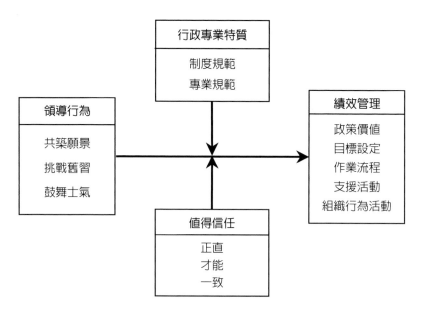

圖 5-1　本文實證研究架構圖

　　綜上所述，本研究理論架構以領導行為作為自變數，以組織績效管理作為應變數，以行政專業特質及值得信任作為調節變數，並以行政機關的類型、行政首長的背景及受訪者人口統計資料為控制變數，彙整如表 5-1。

表 5-1 研究架構內容摘要表

區別	名稱	理論依據	理論的重要主張	研究的構面	量表
研究架構	變數間關係	House（1977）的路徑—目標理論	具有效能的領導，應幫助部屬，澄清可以達成目標的途徑，並排除途中的障礙與危險使其達成目標。途中情境變數為環境與部屬二項。	·領導行為 ·績效管理 ·行政專業特質 ·值得信任	
自變數	領導行為	Kouzes and Posner（2003）領導者五項實務要領	卓越領導者最常見的五項領導實務要領，包括以身作則、喚起共同願景、挑戰舊習、促進他人行動及鼓舞人心。	·共築願景 ·挑戰舊習 ·鼓舞人心	參考 Kouzes and Posner 量表修正，並經調查結果因素分析後確定。
應變數	績效管理	策略績效管理理論 Verwiere and Berghe（2004）的整合性績效管理理論	組織績效管理係一以策略連結的價值鏈，其流程包含目標設定、作業流程、支援、活動、評估與控制、組織行為。系統理論主張組織績效亦可用投入的資源描述。	·政策價值 ·目標設定 ·作業流程 ·支援活動 ·組織行為活動	參考 Verwiere 等定義設計，並經調查結果因素分析後確定。
調節變數1	行政專業特質	機制理論	組織是鑲嵌於制度環境中，環境要素影響組織變遷的行動與方向。	·制度規範 ·專業規範	根據專業特質各構面定義設計，並經測試修正及信效度檢測確定。

調節變數 2	值得信任	社會資本理論 (Social capital theory)	人類核心理念為信任關係，堅厚社會資本的社群可以促進溝通，減少個人投機，以及建立合作文化的社會信任與網絡關係。	・正直 ・才能 ・一致	根據 Robbins（2003）的信任定義設計，經專家分析。
控制變數 1	機關類型	專業官僚體系論	行政機關可區分為專業、管理及協調機關。	・專業機關 ・管理機關	調查對象分類
控制變數 2	行政首長背景	分類學	依行政機關首長派任前經歷分類。	・行政體系 ・學者專家 ・民代社運	調查對象分類
控制變數 3	受訪者人口統計資料	分類學	依受訪者性別、年齡、職務、教育程度、年資區分。	・性別 ・年齡 ・職務 ・教育程度 ・服務年資	順序、名目尺度

資料來源：本研究整理

二、變數定義與研究假設

（一）領導行為

　　Elenkov 等（2005）將領導定義為形成未來願景並與部屬溝通、激勵追隨者及保證給予同僚和部屬策略支持的過程（Elenkov，Judge and Wright，2005）。其次，從文獻理論分析中發現，特質論、行為

論、情境論及魅力論在領導過程的不同面向中,都具有其重大意義;但是在實際環境中,領導者所處的工作環境是不易改變的,我們也無法找到任何情境共通性的領導特質、領導行為或領導者個人魅力,適合於任何組織及其追隨者。近代學者研究領導逐漸趨向研究一位卓越的領導者應扮演的角色(Davis,1997),應具備的能力(Ulrich,Zenger and Smallwood,1999)、條件及實務要領(Kouzes and Posner,2003)。他們主張領導的前提假設為一個組織的領導者不全然是可以選擇的,其領導特質或領導行為是隨個人存在的,且組織的工作環境(情境)是不易改變的;在上述前提假設下,吾人只能了解一位將成為或已成為領導者,他在組織中應扮演什麼角色,應具備什麼能力以及採取什麼方法來帶領組織成長或發展,且這些具備的要素與領導效能及組織績效有較高的相關性。由於這些學者主張,注重領導者應該做什麼事,採取什麼策略達成組織績效,稱之為策略領導(Pierce and Newstrom,2002;Elenkov,Judge and Wright,2005;陳銘薰、郭莉真,2004);而策略領導理論的假設與主張較符合組織領導的實際運作情況,我們稱該相關理論主張為實踐論(practice theory)。

　　本研究領導行為的變數採用實踐論者的主張,參採 Kouzes and Posner(2003)提出的五大領導實務要領,並參酌行政機關特質設計問卷調查,經因素分析提出本研究領導行為三項構念如下:

　　1、共築願景:願景是指引組織未來發展的方向,是組織長期
　　　　想要達成的目標,更是組織策略發展的依據。領導者帶領
　　　　組織發展,首要的任務就是提出組織明確的願景;為了組
　　　　織構築的願景能夠實現,在建構組織願景的過程中,鼓勵
　　　　員工積極的參與,共同建構長期、宏大且可行的組織願景,

讓成員都能瞭解組織發展的方向，願意為組織的目標與理
想共同努力與奉獻。

2、挑戰舊習：創新與改革是組織發展的動能，是組織生存的
不二法門。領導者必須扮演著組織變革發動機的角色，創
造組織學習與創新的文化，鼓勵員工進行實驗與冒險，給
予適當的資源、技能或知識的支援，讓員工勇於不斷尋求
創新的機會；其次，科技的發展與環境的變化，帶動了管
理工具的運用及顧客需求，惟由領導者帶領員工從觀念與
動機的改變，才能提昇組織經營的境界。

3、鼓舞士氣：組織建構了明確的願景、目標與策略，必須靠
員工落實的執行，方能達成組織績效目標。領導者在帶領
組織發展的過程中，除了鼓勵員工發揮團隊精神，引發員
工服務的動機與熱忱外；對於員工傑出的表現，應給予即
時的獎勵，肯定其貢獻。其次，領導者應將員工視為重
要的資產，大力的頌揚員工勝利成果，共同創造組織競
爭優勢。

（二）行政專業特質

各國政府組織發展迄今，無論民主國家、非民主國家、資本主
義國家或共產主義國家，其行政機關組織仍不脫官僚組織的型態。
根據 Weber 理想型官僚體制的描述，官僚體制具有下列特徵（轉引
自張葆清，2002）：1、組織為遂行特定目標，賦予成員固定的職責；
透過嚴密之法規建立其職權的合法性，並限定其工作的方法與範
圍。換言之，即在官僚體制下，每個人有固定的職責；以法規嚴格

限制的方法，賦與命令權，以行使固定的職責；人員盡責任和享受權利，都有一定的途徑可循。2、依據層級節制原則建立起組織的權力體系，確定人員間命令與服從的關係。除最高階級之外，每一個人員只有一位上司（one boss and one boss only）。3、依據抽象的規則系統運作，這些標準化的作業程序規範人員的行為表現，而人員之工作行為與人員間的工作關係必須遵循「對事不對人」（impersonality）的精神。4、在專業分工的原則下，組織內的職位應按人員的專長合理分配，每一職位的工作內容與權責範圍均以法規明文規定。5、人員的採用，採公開方式甄選，一經錄用，除非犯重大過錯，否則人員有永業化的傾向。6、人員的工作報酬、獎懲與升遷有明文規定，且薪資之給付依照地位及年資，不能因主管的好惡而有所偏私。

　　一個組織越是接近理想型，就越可能具有效率，而官僚組織也正是因為具有較高的效率，才能在現代社會中得到普遍的發展。行政機關在官僚體制下，面臨著政經環境的頻仍變動，人民需求日益增加及現代化多元社會下，政府部門在許多領域，諸如社福、警政、外交、教育、財政、金融、經濟、外交、國防、法務、衛生醫療、環保、工程等，皆須借重專業人才的專業知能，協助政府部門政務的推動，故行政機關的專業主義（professionalism）的興起已是不得不然的趨勢。

　　Rabin（1984）認為，專業是一種職業特質，這種特質必須是經由專業化的過程而塑造出來的，且此一特質是與眾不同的；Benveniste（1987）提出專業特質不可缺乏的六大要素，包括：1、使用技巧是基於特殊的科技知識；2、必須具備高等教育與訓練資格；3、必須經由專業能力測驗進入組織；4、存在有專業團體；5、

存在專業行為與倫理規範；6、存有服務的責任與承諾；許瓔純（1998）認為，專業主義是一種內在價值，這種價值的形成是透過專業技術之外，更在乎的是專業的倫理精神與對專業責任的尊重。

　　本文參考機制理論的內涵分類，探討行政機關專業特質發展之構念；機制理論主張，一個組織為在社會環境中獲得合法的地位及賴以生存的資源，將採取某種特殊的組織結構設計，以及長期形成其獨特的制度、慣例、文化規範、行事標準及價值觀等，依其機構的內涵區分為制度規範、專業規範及社會規範等三個層次類型，可作為不同類型組織專業特質有用解釋的參考。本文根據行政機關專業特質，經由專家學者的訪談認為，制度規範與專業規範在行政機關具有穩定性及持續性的特質，而社會規範常因外在環境變化而影響；因此，本文採用制度規範與專業規範作為行政專業特質構念，茲分析如下：

　　　1、制度規範：行政機關具有明確的機關及職位層級結構、明確的法規體系，以及逐級指揮與控制等特色，行政機關組織採取專業分工、依法辦事，非常注重程序合法等。

　　　2、專業規範：行政機關中公務人員具有高學歷的專業教育背景，卻經由公務員任用考試進入行政部門，對於主管部門的業務熟稔，並對業務相關的知能不斷的學習與訓練，對於主管的業務具有專業的權威性。

（三）值得信任

　　信任係指認為他人不會在言語、行動或決策，以投機的方式佔自己的便宜之正面期待（引用 Robbins 著，林財丁等譯，2003：

266-267）。信任是領導者的屬性，當部屬信任領導者時，較願意替領導者奉獻，因為部屬相信自己的權益不會被蹧蹋，誠實一直是領導者之所以令人敬佩的首要特徵。

根據社會資本理論的主張，信任是人類核心的理念，可以促進溝通，減少個人投機主義，以及建立合作文化的社會信任與網路關係（Putnam，1995）；信任是社會關係的關鍵因素，彼此間的信任才可以分享想法並付諸行動；信任同時也是競爭優勢的主要來源，以及組織生存的必要要素（Barney and Hansen，1994）。

信任可分為組織成員間相互信任、領導者對部屬的信任及部屬對領導者的信任，由於本文研究調節變數之信任，係部屬因素，即探討部屬對行政首長領導行為的信任程度，故本文採用行政首長值得信任程度作為調節變數；其次，本文綜合相關文獻分析，參考Robbins（2003）提出社會資本的信任定義，經由訪談學者專家意見及參考行政機關員工對首長認知的實務經驗，擷取正直、才能及一致三項作為研究調查構念，茲說明如下：

1、正直（integrity）：指的是誠實講真話，是評估人與人間互動最重要的一項構面，如果缺乏道德人格和基本誠信，其他層面的信任都將變成毫無意義。

2、才能（competence）：涵蓋個人在專業與人際關係上的知識與技能，一個人是否能清楚表達自己的理念與價值觀，即屬於才能的構面。領導者能贏得部屬的尊敬，必須具備執行所承諾的事之技術與能力，才能讓部屬信任。

3、一致（consistency）：涵蓋領導者處理事情的可靠性、可預測性，以及良好的判斷力，並能讓部屬感受到其言行一致，是值得信賴的。

（四）績效管理

　　根據前章文獻分析，本文將組織績效管理定義為：組織以策略為核心，結合組織資源與作業流程，採取一系列有效管理活動，包括策略規劃、目標設定、作業流程管理、支援系統建構、激勵與獎酬制度、鼓勵創新與組織學習、建立績效標竿、績效評估及風險管理等，以創造組織價值及達成組織績效目標的結果。其次，從組織績效相關理論演進的文獻分析發現，績效評估（Drucker，1974；OECD，1994；Robbins，1990）、績效管理（Harte，1994；Adnum，1993；Saltmarshe，Ireland and Mc Gregor，2003）及策略績效管理（Kaplan and Norton，1992；Thompson and Strickland，2001；Verweire and Berghe，2004）都具有其不同時代管理的意義，却都發揮組織、群體或個人管理的效果。惟近年以來，國際環境變化愈趨劇烈，科技發展更形快速，而組織能夠取得的資源有限，學者認為組織必須提出願景與策略，結合組織擁有的資源及內部作業流程作有效的管理，才能提升組織績效；於是，就有不同的策略績效管理方法的提出，也漸成為近十餘年企業、政府機關及非營利事業機構主要績效管理的工具。

　　就第二章文獻分析中所提出三種策略績效管理系統而言，平衡計分卡（IPM；Kaplan and Norton，1992）為近十餘年最廣為運用的管理工具（Silk，1998），但仍有學者認為其過於封閉（Sureshchandar and Rainer Leisten，2005），且平衡的觀點會受到環境因素、產業因素及績效變數間互動因素的影響；全方位計分卡（HSC，Sureshchandar and Rainer Leisten，2005）以平衡計分卡為基礎，增加組織與環境動態因素，使計分卡的內涵更豐富，但能否找到組織

績效管理完整的計分卡，仍然受到質疑。而整合性績效管理（IPM，Verweire and Berghe，2003）從組織活動的流程分析中，找出組織績效的價值鏈，連結組織策略及組織發展成熟度，為一個整合平衡計分卡及其他特別策略績效管理的方法。

　　Verweire and Berghe（2003）認為一個組織可分為三個關鍵流程：作業流程、支援流程和管理流程。而作業流程包括創新、生產、產品和顧客服務等流程；支援流程為支援作業流程及組織經營的需求（Garvin，1998；Porter，1980）；管理流程為如何完成所有的任務，聚焦在採取有效及合乎道德標準的方法達成組織目標（Buelens et al，2002），管理流程包括：設定方向流程（規劃）、監督和控制、組織、員工和領導（Megginson and Weiss，1991）。Verweire and Berghe（2003）將上述流程重組，並考慮工作過程中組織行為等面向，提出整合性績效管理（IPM）五個主要管理活動包括：目標設定、作業流程、支援活動、評估與控制及組織行為活動等。本文認為組織活動必須連結組織策略及績效，乃依行政機關性質增加了政策價值。其次，由本文調查資料分析中顯示，評估與控制可歸納在組織行為活動中形成行政機關組織績效價值鏈之屬性，因此，本研究提出組織績效管理五項構念如下：

　　　1、政策價值（policy value）：績效管理所使用的策略，必須確
　　　　信能夠被執行及策略是有價值的（Asch，1992；Neely，
　　　　1998；Preble，1992；Roush and Ball，1980；Schreyogg and
　　　　Steinmann，1987）。即行政機關必須提出正確的政策，符
　　　　合時代的潮流及人民的需求，且能如期執行產生效果。

　　　2、設定目標（goal-setting）：管理流程係在如何完成所有的任
　　　　務，聚焦在採取有效及合乎道德標準的方法達成組織目標

（Buelens et al.，2002），讓員工知道組織任務與目標，每個員工貢獻知能，使個人目標與組織目標結合，並適應環境作彈性的改變。

3、作業流程（operational processes）：作業流程包括創新、設計、生產、行銷和顧客服務等流程，Sureshchandar and Rainer Leisten（2005）認為正常的經營流程包括：流程設計、標準程序、監督與控制、標竿學習、顧客參與、品質控管、軟硬體設施與技術，以及作業流程的持續改善。

4、支援流程（support processes）：支援流程包括支援作業流程和事業的經營（Garvin，1998；Porter，1980），Verweire and Berghe（2003）認為組織必須建立管理技能訓練與教育制度、管理會計制度、內部溝通機制及檔案管理制度；其次IT 是主要支援工具，例行性工作應採用自動化設施或用 IT 系統，工作者花更多時間在系統性問題的改進；在特殊或可預期的情況下，發展出適當的服務中心。

5、組織行為活動（organizational behavior processes）：組織應經常結合不同功能部門執行特別任務，以團隊行動解決問題；一旦特殊任務發生，組織成員應該自動組成團隊解決；同時認為組織規定只是一些說明或障礙系統，應該依規定彈性使用，讓員工感到被高度授權，每個人都感到有責任去達成組織的任務和目標，並且設計績效獎金制度與組織策略和目標達成相連結。

（五）領導行為與組織績效管理關係

　　領導行為強調的是領導者應做什麼事，採取什麼策略帶領組織發展；組織績效管理強調的是如何建構一套有效的績效管理制度，創造組織的價值。Elenkov 等（2005）認為領導策略有一些方法會影響組織創新流程（Elenkov，Judge and Wright，2005），例如領導者具有更多能力看到影響組織未來的環境因素及提供有效的溝通方法，帶領組織更高層次的創新；經由創造願景及成功處理創新活動，對組織創新產生正面效果；經由選拔人才、獎勵和持續支持變革影響組織創新（Kanter，1985）；創造一個具生產力工作的組織文化，具生產力工作者能得到獎賞（Avolio，1999；Podsakoff et al.，1996；Shamir et al.，1993），這些方法都與組織績效相關。根據領導文獻相關學者的主張，領導者必須具備目標管理、溝通能力、激勵技巧、績效評估、決策能力、專業技巧、授權、緊急應變、體恤員工及時間管理等能力。整體而言，領導者的職責就在於建構一套完善的績效管理系統，採取有效的管理方法，帶領組織創造最佳的績效。

　　其次，就本文領導行為引用 Kouzes and Posner（2003）提出的實務要領與組織績效管理關係而言，領導者必須釐清自己的價值觀，勾勒出組織未來的願景，鼓勵員工創新與學習，促進團隊合作及表揚員工傑出的表現等。根據本章文獻分析，這些主張均與組織績效價值鏈系統中的政策價值、目標設定、流程創新、支援活動及組織行為活動重點工作息息相關。因此，本文提出研究假設的內容為：

**H1：行政首長採取的領導行為，對組織績效管理具有正向
　　　影響。**

　　H1a. 行政首長採取共築願景領導行為，對組織績效管理具有
　　　　　正向影響。

　　H1b. 行政首長採取挑戰舊習領導行為，對組織績效管理具有
　　　　　正向影響。

　　H1c. 行政首長採取鼓舞人心領導行為，對組織績效管理具有
　　　　　正向影響。

（六）行政專業特質、領導行為與組織績效管理關係

　　Ingraham（2006）認為，組織因目的、權力及利益關係人等因
素不同，每一類型組織都有其獨特的專業特質，包括組織的制度、
專業特性及外在環境因素等影響，將影響行政首長採取的領導方法
與成效。其次，根據前章文獻分析，行政機關具有層級節制、法規
體系、專業分工、依法辦事、政治干擾及保守文化等特色，行政機
關在文官專業體制上必須受到制度、專業及社會的規範；就制度規
範而言，行政機關的組織法及相關作業法規，限制了行政首長從事
組織變革、用人彈性及業務改革的權力，在組織結構框架與事事受
制於法規下，行政首長欲進行快速的改革並非易事；就專業規範而
言，行政機關長期建立其組織獨有的行事作業慣例，又行政機關必
須依法行政，每件公文必須依循文書處理標準作業辦理，機關或單
位間權力、義務與責任的本位主義明確清楚，行政首長欲打破原有
的慣例及組織間的本位主義，需要堅定的恆心與毅力；就社會規範
而言，行政機關必須接受社會、民眾及媒體的監督，推出的行政措

施必須符合社會與人民的期待，方能取得民意的支持，惟行政機關
的資源與能力是有限的，在有限的資源及法制層層限制下，行政首
長往往是心有餘而力不足，無法完全滿足現實社會的需求，組織績
效也大打折扣。

　　從上述行政機關特色與行政制度中顯示，行政機關具備與一般
企業及非營利機構不同的專業特質文化，對行政首長推動各項政務
確實受到限制；但是，行政機關在其專業組織特質下，亦具備有利
改革創新的條件，例如行政機關指揮體系明確，命令容易貫徹；公
務人員固定升遷與薪資制度，以及公務員依法行政保守心態，有利
於善用激勵制度，開發公務員潛能與服務的觀念；行政機關的常任
文官，均經由公務員專業任用考試及格，在公務體系職務上已有相
當的歷練，且對公務法規相當熟稔，應有足夠的能力挑戰更高的目
標，若行政首長能善用其領導地位及掌握的資源，親自帶領員工進
行組織的學習與改革，給予員工適當的授權及隨時的激勵，當可
排除行政機關不利的環境因素；行政機關組織結構相當穩定，員
工流動率低，有助於建構團隊工作組織文化，行政首長若能帶領
員工共同建構組織願景、策略及目標，鼓勵員工積極參與組織活
動，將有助提升組織整體的績效。因此，本文提出研究假設 2 內
容如下：

H2：行政機關的行政專業特質愈高，行政首長的領導行為對組
　　　織績效管理之正向影響愈顯著。

　　H2a. 行政機關的行政專業特質愈高，行政首長採取共築願景
　　　　領導行為，對組織績效管理之正向影響愈顯著。

　　H2b. 行政機關的行政專業特質愈高，行政首長採取挑戰舊習
　　　　領導行為，對組織績效管理之正向影響愈顯著。

H2c. 行政機關的行政專業特質愈高，行政首長採取鼓舞人心
　　　領導行為，對組織績效管理之正向影響愈顯著。

（七）值得信任、領導行為與組織績效管理關係

信任普遍存在於組織各個層次，支撐著組織間運作的關係，
Barney and Hansen（1994）認為信用是人與人之間關係的關鍵因素，
如果彼此間存在相互信用，可以分享想法，並付諸行動；同時，信
任也是組織競爭優勢的主要來源，如果組織中領導者與部屬間存在
信任氣氛，直接可導致組織績效的產生，可以減少組織中衝突的發
生，增加成員間相互合作的關係。組織信用不同於個人信用，組織
信用源自於組織成員間所形成的網絡規範，制約個體到集體權力的
濫用，藉由這樣的規範賦予成員外部的利益。信用是行政首長的
核心價值，直接影響其在領導過程中採取的領導行為，以及其與
部屬間的互動關係；同時，也影響領導者的行為所欲達成的組織
績效。

如果行政首長與員工能夠真誠相待，員工相信行政首長對他們
所許下的承諾，行政首長採取的任何激勵措施，將對員工產生鼓勵
的效果；當行政首長理念與價值觀持續一致，且與員工溝通順暢，
將可激發員工積極的決策，勇於承擔責任；當員工信任行政首長的
領導與人際專業能力，行政首長願意授權，鼓勵員工挑戰現況，並
願為員工分擔成敗責任，將有助行政機關改革創新。因此，本研究
提出研究假設 3 的內容如下：

**H3：行政首長值得信任愈高，其採取的領導行為對組織績效管
　　理之正向影響愈顯著。**

H3a. 行政首長值得信任愈高，其採取共築願景領導行為，對組織績管理之正向影響愈顯著。

H3b. 行政首長值得信任愈高，其採取挑戰舊習領導行為，對組織績效管理之正向影響愈顯著。

H3c. 行政首長值得信任愈高，其採取鼓舞人心領導行為，對組織績效管理之正向影響愈顯著。

（八）行政專業特質、值得信任、領導行為與組織績效關係

　　行政機關在傳統上被歸類為官僚體制，組織結構層級分明，不同組織職掌明確，在法規及體制規範下，必須事事依法行政；而行政機關的一般文官公務人員，依法必須經由考試及格任用，具備與公務相關的教育或訓練背景，這些行政特質與一般企業及非營利性組織有很大的差異。

　　其次，行政機關公務人員可分為政務人員及常任文官人員。在民主政治體制下，政務人員隨選舉之政黨勝負而更替，故政務人員為黨派的政治任命，常具備黨派理想的色彩；而常任文官經由考試銓定任命，具有職位之法治保障。一般而言，行政首長多為政務人員，一般公務員多為常任文官，而行政首長在行政體制中，如何建立與常任文官信任關係，為影響行政首長理念及政務推動的重要因素。

　　總之，行政機關具備傳統官僚主義的專業特質；而民主的政治體制下，行政業務的推動建立在行政首長與常任文官互信互動關係上。因此，本文提出研究假設4內容如下：

**H4：行政機關專業特質及員工對首長信任愈高，行政首長採取
的領導行為對組織績效管理之正向影響愈顯著。**

H4a. 行政機關專業特質及員工對首長信任愈高，行政首長
採取共築願景領導行為，對組織績效管理之正向影響
愈顯著。

H4b. 行政機關專業特質及員工對首長信任愈高，行政首長
採取挑戰舊習領導行為，對組織績效管理之正向影響
愈顯著。

H4c. 行政機關專業特質及員工對首長信任愈高，行政首長
採取鼓舞人心領導行為，對組織績效管理之正向影響
愈顯著。

三、研究方法

本文研究採取實證問卷調查法，根據研究架構領導行為採用
Kouzes and Posner（2003）發展的領導實務要領問卷題項，績效管
理參採 Verwiere and Berghe（2004）提出的整合性績效管理概念，
行政專業特質參採機制理論主張及值得信任參採社會資本理論主張
設計問卷，經由前測調查因素分析及進行題項修正後，再行運用本
文研究調查，茲分別說明如下：

本文為了證明 Kouzes and Posner（2003）提出的五項領導實務
要領是否適用於我國行政機關首長領導行為，經參採其調查問卷，
針對行政院及考試院所屬二級機關，選擇 15 個機關進行實證調查，
共發出 800 份問卷，有效問卷 640 份（80%），在信度 Cronbach's α

值 0.92 以上及效度因素負荷量 0.78 以上的情況下，調查結果顯示行
政首長五項領導因素平均值，分別為以身作則 3.92、喚起共同願景
3.79、挑戰舊方法 3.70、促使他人行動 3.87 及鼓舞人心 3.79，各因
素平均值均大於 3.0（李克特五點量表），顯示該項調查結果是肯定
的。惟將五項調查因素進行因素分析，發現原五項因素明確的歸併
成三項因素，即其中以身作則與喚起共同願景合併成一因素；促使
他人展開行動與鼓舞人心合併成一因素，而挑戰舊方法仍為一獨立
因素，合併後三因素 Cronbach's α 值達 0.94 以上，因素負荷量亦達
0.58 以上；經進一步分析顯示，以身作則與喚起共同願景的二因素
內涵，強調領導者必須清楚表達理念與價值觀，經由說服員工建立
組織共同的價值，引導員工實現組織的目標與願望，二因素具有高
度的關連性，本文將之合稱為共築願景；促使他人行動及鼓舞人心
的二因素內涵，亦為一系列激勵員工動機與驅動採用行動的措施，
本文將之合併稱為鼓舞士氣；而挑戰舊方法強調的為組織創新與變
革的方法，本文稱之為挑戰舊習。綜合上述，本文以共築願景、挑
戰舊習及鼓舞士氣作為領導行為研究的構念。

根據路徑目標理論的目標概念，本文架構的應變數為組織績
效，即達到組織最終的工作績效及部屬工作滿足感，由於限於本研
究對象行政機關績效沒有共通測量標準，最終結果績效不易測量，
其行政機關在人事法規及預算限制下，公務員的工作易受外在動態
環境的影響，工作滿足感難有一致的標準及水平的比較；其次，行
政院研考會已於 2000 年建立行政院所屬各機關施政績效評估制
度，從業務、人力及經費三個面向評估各機關年度組織績效，相關
評估結果資料，可作為本文量化調查結果比較的參考；惟根據林嘉
誠（2004：11~13）指出，現行施政績效評估制度仍有一些缺失，包

括：策略績效目標與衡量指標連結仍待強化；績效目標與衡量指標挑戰度不足；施政計畫與預算編列尚難結合；評估專業單位及評估人員專業能力仍待持續提升等，能否完全反應各機關年度施政績效，頗受質疑。因此，本文根據系統理論的研究方法，以中介變數組織績效管理活動作為應變數。

　　本文組織績效管理活動係參採 Verweire and Berghe（2003）提出整合性績效管理的概念，依行政機關政策特性及管理的價值鏈，提出本文組織績效管理之政策價值、目標設定、作業流程、支援活動、評估與控制及組織行為等六個構念。為了驗證績效管理活動是否存在於我國行政機關，經設計問卷調查行政院及考試院所屬 15 個二級機關，共發出 800 份問卷，回收有效問卷 640 份（80%），在信度 Cronbach's α 值 0.86 及效度因素負荷量 0.59 以上情況下，調查結果顯示，現行行政機關績效管理活動平均值，分別為政策價值 3.93、設定目標 3.72、作業流程 3.90、支援活動 4.01、評估與控制 3.93 及組織行為活動 3.72，各平均值均大於 3.0（李克特五分量尺），顯示六個績效管理活動均受到肯定。惟經由因素分析結果，其中評估與控制明確分別歸併入支援活動及組織行為活動。因此，本文根據上述調查結果，以政策價值、目標設定、作業流程、支援活動及組織行為活動等五項作為績效管理活動的研究構念。

　　路徑目標理論認為，影響領導行為表現的情境或權變變數有二：環境權變因素與人為權變因素，本文分別將之稱為調節變數，即在行政機關特殊生態環境及領導者與部屬互動關係情境下，領導行為對組織績效是否產生不同的影響。而環境權變因素所指的是領導者所處的行政機關組織結構、工作任務及專業體系，本文將之稱為行政專業特質，參採機制理論的主張，依行政機關的特質，擷取

制度規範及專業規範二項作為研究構念，經由測試後修正相關題
項；人為權變因素則是指領導者與部屬間的互動過程所建立的信用
關係，本文將之稱為值得信任（trustworthness），即部屬對行政首長
的信任程度，並參採社會資本理論的核心理念——信任關係，擷取
正直、才能及一致等三項作為研究構念，經由測試後修正相關題項。

四、問卷設計

　　根據圖 3-1 實證研究架構，本文以行政首長的領導行為作為自
變項，以組織績效活動為應變項，以行政專業特質及組織信任為調
節變項；另以所調查的行政機關別、行政首長背景及中高階公務員
人口統計資料當作控制變數，茲分述如下：

（一）領導行為

　　領導行為係為行政首長帶領一個行政機關過程中所採取的領導
風格及方法，且這些方法必須與組織績效活動具有關連性。本研究
參採 Kouzes and Posner（2003）所提出的領導實務要領，經由實證
調查因素分析結果，選擇共築願景、挑戰舊習及鼓舞士氣等三項領
導屬性，作為領導行為變項研究的構念，並參考 Kouzes and Posner
（2003）發展的量表，再依我國國情及行政機關特性作適度的語意
修正。

1、共築願景

領導者帶領一個組織，必定渴望有所作為，創造別人從未創造過的事物；一般而言，領導者大都具有前瞻的眼光，在尚未展開計畫之前，就會先勾勒出組織未來的圖像，引導員工向前邁進；但只有領導者提出理念，尚不足以造成運動或改革，必須追隨者願意接受他的理念；為了爭取支持，領導者必須清楚知道員工的夢想、希望、抱負、理念和價值觀是什麼？讓員工知道他們的希望和夢想是可以實現的，看到光明的未來，並藉此整合組織共同的目標，點燃員工的熱情，共同實現組織的夢想。本研究測量「共同願景」的題項包括：

（1）我的首長能夠帶領同仁實現共同的願望。
（2）我的首長能夠瞭解同仁的想法與需求。
（3）我的首長能夠與同仁分享自己的理念。
（4）我的首長能夠提出令人信服的本機關發展方向。
（5）我的首長經常激勵同仁實現本機關的目標。
（6）我的首長經常提示本機關未來工作的方向。

2、挑戰舊習

一般而言，真正成就大事的人，都是主動尋找機會接受挑戰的，無論是創新服務，改革官僚作風，或是提出開風氣之先的法規，領導者都必須扮演開路先鋒的領航角色；但是任何創新改革都不免經歷試驗、風險和失敗，領導者必須知道員工有無能耐接受挑戰，適時給予適當的支持、容忍或學習的機會；領導亦必須與員工共同從

失敗和成功的經驗中學習成長。本研究測量「挑戰舊方法」的題項包括：

    （1）我的首長能夠帶領同仁引進創新改進的方法。

    （2）我的首長經常鼓勵同仁追求具挑戰性的工作。

    （3）我的首長經常關心業務可以改進的事項。

    （4）我的首長經常鼓勵同仁設定具挑戰性的目標。

    （5）我的首長經常鼓勵同仁嚐試具風險性工作。

    （6）我的首長經常鼓勵同仁挑戰現行做事的方法。

（二）鼓舞士氣

領導者的責任之一，就是向對組織有功的人致上感謝，並對員工發自真心的關懷；其次，領導者可藉由公開場所的獎勵來連結績效，如果員工努力創新服務與流程、提升品質或致力於任何改革，產生具體的成果，領導者就必須讓員工瞭解，這類行為和成果會得到應有的好處或榮耀。此外，領導者也必須知道，唯有誠懇舉辦表揚活動，才能建立牢不可破的集體認同感和社群意識，帶領組織走向成功。本研究「鼓舞士氣」的題項包括：

    （1）我的首長經常給予同仁工作上讚賞與支持。

    （2）我的首長經常與同仁分享工作成果。

    （3）我的首長非常重視獎賞同仁的貢獻。

    （4）我的首長經常參與本機關團體活動。

    （5）我的首長經常親自慰勉同仁工作的辛勞。

    （6）我的首長經常公開慶賀或表揚同仁工作的成就。

（三）行政專業特質

專業特質係一個組織為適應環境及取得資源，所具有與其他組織不同的獨特制度、慣例、規範、行事標準及價值觀等文化。本研究參據機構理論主張的制度規範及專業規範作為行政專業特質變數的構念。

1、制度規範

制度規範係指正式結構系統所制定的法令規章，組織必須遵守，Zuker（1987）稱之為制度性壓力，例如法律、行政規則及社會規範等，對組織運作具有強制性的效用。行政機關為執行公權力的政府機關，每一機關結構及員額配置都有組織法規範；每一行政措施及公務執行，均必須依法行事；每年度機關預算必須依預算法及其施行細則編列，並需經民意機關（中央為立法院、地方為縣（市）議會）通過；行政機關層級分明，指揮體系明確，這些都成為行政機關組織運作及推動政務的規範。本研究設計「制度規範」的量表題項包括：

（1）我的機關組織結構及員額配置都依組織法的規範。

（2）我的機關執行每項公務都有相關法規依據。

（3）我的機關層次分明，指揮體系非常明確。

（4）我的機關職責及目標非常明確。

（5）我的機關同仁均樂意參與臨時性跨單位團隊工作。

（6）我的機關同仁非常重視組織的績效與榮譽。

2、專業規範

專業規範係指組織專業化（professionalization）過程所形成的一套價值觀與行為標準，為組織或組織成員的共同觀點與認知，進而自願的遵循這些專業規範。行政機關依照法規，都有一套標準處事程序；不同行政機關專業類別差異，形成單一機關行事作風及行為標準；公務員任用、升遷及俸級建立了一套專業的人事管理制度，塑造了公務員特殊的形象，這些都是因行政機關與一般企業或非營利機構差異而產生的現象。本研究設計「專業規範」的量表題項包括：

（1）我的機關同仁都具備與業務相關的教育與訓練。

（2）我的機關同仁都經由公務人員考試及格任用。

（3）我的機關同仁對主管業務均不斷的學習與進修。

（4）我的機關同仁具備工作經驗對業務推展很有幫助。

（5）我的機關同仁具備執行公務的專業技術或知識。

（6）我的機關同仁專業能力受到民眾的肯定。

（四）值得信任

Bennis（2003）指出，沒有信任，領導就無法發揮作用。值得信任係指員工對領導者的信任程度，領導者可透過組織化及接受制度的方式，建立員工對其信任感。本研究參考 Robbins（2003）提出的社會資本組織信任主張，包括正直、才能及一致等三個構念，並根據各構念的內涵發展量表。

1、正直：根據 Kouzes and Posner（2003）對於領導者應具備的領導實務要領的調查，其中誠信居領導者最首要的要件，即就是員工在認知上是否覺得領導者真誠對待他們，領導者在組織中所做的承諾是否實現，將影響領導者與員工間的互動，以及員工是否願意為組織真誠的付出，為組織做出最大的貢獻。本研究設計「正直」的量表題項包括：

（1）同仁普遍認為首長以真誠的心對待員工。

（2）同仁普遍信賴首長所作的承諾。

（3）同仁普遍認為首長願意幫助員工解決困難的問題。

2、才能：行政首長對內負責決策，帶領員工達成組織績效目標；對外代表行政機關，宣達組織的理念與任務，或與外部機關（構）、團體及個人進行業務的溝通協調，如果員工愈相信行政首長具備領導與人際的專業能力，將愈能激發員工挑戰組織任務的信心。本研究設計「才能」的量表題項包括：

（1）同仁普遍認為首長具備有豐富的領導能力。

（2）同仁普遍認為首長具備有處理人際關係的技能。

（3）同仁普遍認為首長具備有業務決策的能力。

3、一致：行政首長大都具有個人的理念與價值觀，以作為個人帶領組織發展的標準，當員工相信行政首長能夠明確表達其理念，對其所做的決策持續維持固有的價值觀，且其所表達與所做的決策始終如一，將愈能激發員工願意參與組織的決策。本研究設計「一致」的量表題項包括：

（1）同仁普遍認為首長的政策理念始終如一。

（2）同仁普遍認為首長從不輕易改變他所做的決定。

（3）同仁普遍認為首長所做的決定都能夠貫徹執行。

（五）績效管理

績效管理係指行政機關採取的系列管理活動過程，達到最終的目的與結果。根據前章文獻分析的結果，本研究引用 Verweire and Berghe 所提出的整合性績效管理價值活動，參考政府機關性質及績效管理相關理論，提出行政機關組織績效管理活動鏈價值；並依據各構念的內涵發展量表。

1、政策價值

策略績效管理（SPM）系統與大多數傳統績效管理控制系統不同的地方，為其聚焦在策略（Sprinkle，2003）。Peter Druck 亦指出，一個組織首先必須做對事（do the right thing），亦就是提出正確的政策（make the right policy），符合時代的潮流及人民的需求，且能如期執行產生效果。行政機關是為人民而存在的，任何政策的研擬必須以國家長遠的發展及人民的福祉為依歸；為了提升國家競爭力並與國際接軌，任何政策的研擬必須參考先進國家的技術與作法，所研擬的政策方能兼顧短期問題的解決及長期發展的目標；然而好的政策亦必須能夠順利執行，才能發揮預期的效果，故在政策規劃期間必須同時思考執行時可能發生的問題，惟有兼顧規劃面與執行面的政策，才是最具價值的政策，才能提升行政執行力。本研究設計「政策價值」的量表題項包括：

（1）我的機關政策擬定符合民眾的需求。

（2）我的機關政策擬定以國家長期的發展為目的。

（3）我的機關政策擬定經常參考先進國家的做法。

（4）我的機關政策兼具短期、長期目標。

（5）我的機關政策的成果是可以預期達成的。

（6）我的機關訂定的政策多能如期完成。

２、設定目標

Harte（1994）認為績效管理為一套有系統的管理活動過程，用來建立組織與個人目標及如何達成該目標的共識，進而採行有效的管理方法，以提升目標達成的可能性；Harte（1994）特別強調目標設定，以職責為基礎，以工作表現為中心。Verweire and Berghe（2003）認為管理流程係在如何完成所有的任務，聚焦在採取有效及合乎道德標準的方法達成組織目標（Buelens et al.，2002），讓員工知道組織任務與目標，每個員工貢獻策略（規劃與執行），使個人目標與組織目標結合，並適應環境作彈性的改變。行政機關都有其組織職掌與任務，為了達成組織的任務，每一行政機關必須設定目標及提出執行計畫，全力以赴；而明確的目標是組織卓越表現的起點，目標愈清楚，愈容易達成；訂定目標時員工的參與愈多，員工愈能瞭解組織的發展願景與策略，對達成目標的意志愈堅定；優質的目標是從組織、部門到個人的目標層次條理分明，相互連結，集中資源於最重要的工作，並能適應環境的變化。本研究設計「目標設定」之量表題項包括：

（1）我的同仁知道組織的核心任務。

（2）我的同仁經常參與組織策略的發展。

（3）我的同仁經常參與組織目標的設定。

（4）我的機關目標設定都是經由下而上逐級討論方式。

（5）我的機關個別計畫或部門目標符合組織整體目標。

（6）我的機關目標都能隨環境變化作彈性的修正。

　3、作業流程

Verweire and Berghe（2003）提出，作業流程包括創新、生產、銷售和顧客需求服務等流程，操作改變與流程改造在多變化的工作環境中常被採用。行政機關從政策規劃、政策執行，到最前線的為民服務，每一項政策的推動與服務都涵蓋一系列的作業流程，如何在最低成本、最快速度下達到最高的行政效果，為行政機關長期努力的方向；因此，行政機關亦引進企業管理之全面品質管理（TQM）、ISO、六標準差（6Q）等作法，希藉由作業流程的標準化，全面流程品質的控管，來降低行政執行問題的發生，以提升行政效率及生產力。本研究設計「作業流程」的量表題項包括：

（1）我的機關力求每一個作業流程最佳化。

（2）我的機關每項工作均建立標準作業程序。

（3）我的機關每一件工作程序清楚且可控制的。

（4）我的機關已建立作業流程問題預防措施。

（5）我的機關已建立問題作業流程解決機制。

（6）我的機關不斷檢討改進工作流程。

　4、支援活動（流程）

　　行政業務的推動有賴於組織內部單位的分工合作、幕僚單位的協調與控管，以及提供優質的設施環境；根據會計及計畫管理法規，

行政機關必須建置控管及溝通協調機制；為了推動電子化政府，每年均編列預算支應改善內部資訊設施；為提升公務員知能，訂有鼓勵進修及終身學習辦法；為應特殊任務需要，亦多成立跨部門組織及協調機制。本研究設計「支援活動」的量表題項包括：

（1）我的機關已建立預算管理制度。

（2）我的機關已建立內部溝通協調機制。

（3）我的機關已建立績效評估制度。

（4）我的機關非常重視資訊管理系統的發展。

（5）我的機關已建立內部單位相互支援機制。

（6）我的機關經常使用非正式會議方式處理公務。

5、組織行為活動

行政機關的內部單位多依功能分工設置，面臨多元及變化快速的時代，突發性事件發生頻繁，除平時應成立危機處理機制，建構聯繫與通報的系統外，在突發事件發生時，各單位應發揮主動積極及相互合作的精神，以因應緊急事件的處理。其次，高度授權不僅可提升公務員責任心，亦可發揮行政效率；對於勇於任事、卓有表現的員工，應給予即時實質的獎勵；並建立為知識管理與學習型組織，開創員工的智慧及合作的精神。本研究測量「組織行為」的量表題項包括：

（1）我的機關對於主管同仁的業務給予高度授權。

（2）我的機關非常重視員工社團活動。

（3）我的機關非常重視知識管理活動的推動。

（4）我的機關非常重視員工教育訓練與在職進修。

（5）我的機關非常重視員工績效獎勵措施。

（6）我的機關對特殊表現優異的員工均給予即時獎勵。

（六）控制變數

1、行政機關類型

本文將行政專業特質作為調節變數，除檢測在行政機關專業特質影響下，行政首長採取的領導行為對組織績效產生的影響效果外，而行政機關業務性質的類別，是否對行政首長領導行為及組織績效產生影響的效果，亦為本研究探討的重點。本研究參考彭文賢（1995）提出的「專業官僚的三元體系論」概念，進行行政院所屬各機關分類，以作為行政機關專業特質類型的分類基礎。彭文賢提出行政機關中職位可區分為「專業職位」、「管理職位」及「協調職位」三種類型，根據此分類概念，吾人可以將行政院視為一個大型的組織，行政院下所設的機關視為不同職位的類型，將行政機關區分為「專業機關」、「管理機關」及「協調機關」。就專業機關而言，大致可分為二種：一為專業性主管事務機關，也是行政機關中最核心的機關，諸如內政部、外交部、國防部、財政部、教育部、法務部、經濟部、交通部、中央銀行、新聞局、衛生署、環保署、海巡署、金融管理委員會、原能會、農委會、文建會、勞委會、公平會、體委會等；一為特殊群體或族群服務的主管機關，諸如蒙藏委員會、僑務委員會、退輔會、青輔會、客委會及原委會等；就管理機關而言，主要負責支援與幕僚性質業務，諸如主計處、人事行政局、研考會等；就協調機關而言，主要負責跨機關間業務整合與協調任務，諸如經建會、陸委會、國科會及工程會等。以上三種類型機關，其

中管理與協調機關業務性質同質性較高，且二類型機關數較少，本文將其合併稱之為管理機關，本文研究以專業與管理二類型行政機關（如表 5-2）以區別不同機關專業特質的差異性。

表 5-2　行政機關分類表

類型	專業機關		管理機關
機關名稱	‧內政部	‧金監會	‧主計處
	‧外交部	‧原能會	‧人事行政局
	‧國防部	‧農委會	‧研考會
	‧財政部	‧文建會	‧經建會
	‧教育部	‧勞委會	‧陸委會
	‧法務部	‧公平會	‧國科會
	‧經濟部	‧體委會	‧工程會
	‧交通部	‧蒙藏委員會	
	‧中央銀行	‧僑委會	
	‧新聞局	‧退輔會	
	‧衛生署	‧青輔會	
	‧環保署	‧客委會	
	‧海巡署	‧原委會	

資料來源：本研究整理

2、行政首長背景

本文領導行為研究的對象為行政院所屬部、會、署、局或處等機關首長，由於為政務官派任性質，其人才的來源較為多元化，依機關首長的背景區分，大致可分為中央官員直升者、學者專家、企業經營者、民意代表、地方首長及社會運動者等，由於其專業及經歷背景不同，其所採取的領導行為是否具有差異，本研究將依抽樣

調查之現任行政機關首長背景分類，作為控制變數分析。依本文所調查的 12 個行政機關首長背景，大致可歸類為行政體系型、民代社運型及學者專家型等三種類型。

3、其他

本文以中央機關行政院所屬部、會、署、處、局之二級機關的中高階主管為調查母體，所謂中高階主管定義範圍包括 6～7 職等科員或技士、7～9 職等專員、秘書或編纂、9 職等科長、10 到 11 職等專門委員、視察、技正或秘書、11 職等副司（處）長或主任、12 職等參事或研究委員、十二職等司（處）長，由於其職位及職掌不同，其對首長的領導及組織績效管理制度認知程度亦有所差異。本研究採用中高階主管「性別」、「年齡」、「職務」、「教育程度」及「年資」等人口統計資料作為控制變數的衡量。

依據研究架構及假設檢定的需要，本文設計之問卷內容如附錄一所示。問卷題項共計 74 題，分成五大部分；第一部分為領導行為，本文採用 Kouzes and Posner（2003）提出的領導實務要領構念量表，依行政機關的特性作部分文字涵義的修正；該部分量表依領導實務要領分成共築願景、挑戰舊習及鼓舞人心等三個構念，每一構念各設計 6 題，合計 18 題；第二部分為組織績效，本文引用 Verweire and Berghe（2003）提出的整合性策略構念外，另依政府機關性質及策略績效管理理論，增加政策價值的構念，形成政府機關策略績效管理的價值鏈，亦就是以政策價值、目標設定、作業流程、支援活動及組織行為活動等五個構念，每一構念各設計 6 題，合計 30 題；第三部分為行政專業特質，本文根據機制理論找出制度規範及專業規範二個構念，依據行政機關的特性每一構念各設計 6 題，合計 12 題；

第四部份為組織信任，本文根據社會資本理論找出正直、才能及一致等三個構念，每一構念各設計 3 題，合計 9 題；第五部分為人口統計基本資料，本研究以中央機關行政院所屬之部、會、署、局、處的中高階（薦任科員以上）公務員為調查對象，設計了性別、年齡、教育程度、職位及年資等 5 題。

五、抽樣設計

本文目的在實證中央機關行政院所屬之部、會、署、局、處首長領導行為及其組織績效制度，以及首長領導行為與組織績效間相關性。因此，本文以上述機關為研究對象，選擇機關內部單位之薦任科員以上中高階公務員為樣本母體，主要理由係因薦任科員以上中高階公務員在組織中有相當長時間服務年資，對組織的制度與業務比較熟稔；其次，薦任科員以上中高階公務員因職位及業務關係，與首長接觸或業務互動較為頻繁，比一般組織員工對首長領導模式有較深的瞭解。

本文採取多階層抽樣法（multistage sampling），首先就行政機關中選擇行政院所屬二級機關為研究對象，再就行政院所屬部、會、署、局、處中選擇 12 個機關，然後再就 12 個機關中薦任科員以上公務員選擇 60 位人員作為問卷的對象。就行政院所屬二級機關層次而言，根據行政院人事局（2006）編印的行政院暨所屬各機關職員錄統計，行政院所屬機關共 40 個，本文排除業務性質特殊或獨立委員會的機關如外交部、國防部、中央銀行、故宮博物院、公平會、金融監督委員會、國家通訊傳播委員會、中央選舉委員會；組織規

模較小（中高階公務員少於 100 人）的機關如蒙藏委員會、青輔會、
文建會、原民會、體委會、客委會及飛安委員會；地方性質的機關
如台灣省政府、台灣省諮議會、福建省政府後，從行政院所屬機關
符合條件的 21 機關中選擇 12 個機關。就薦任科員以上中高階公務
員樣本而言，本文選擇的樣本必須在該機關任職一年以上，而 12 個
機關符合條件的薦任科員以上公務員中，共發出 720 份問卷。

六、資料蒐集與統計分析方法

本文設計結構化問卷（structured questionaire）。依據前節抽樣設
計，資料蒐集對象為內政部等 12 個中央機關薦任科員以上公務員。
本文首先就資料蒐集對象 12 個機關找到適當的研考人員或人事人
員作為窗口，經與充分溝通問卷的目的、問卷的對象，以及問卷發
送與回收方式，透過各機關研考人員或人事人員窗口將問卷分送到
調查對象之人員，三天內進行直接回收；未回收者，請其在一個星
期（7 天）內協助完成填答。原則上，各機關均在一個星期內能夠
完成回收，若遇回收率太低機關，再由筆者電話拜託受訪者協助填
答，以提高問卷回收率。本文問卷資料蒐集採取直接發送及限期填
答方式，主要目的希望透過行政機關業務關係，提高受訪者填答意
願；限期回收亦可減少問卷遺失，提高整體的回收率。

本研究完成資料蒐集後進行資料分析，主要分成四個部分說明
如下：

（一）信、效度檢定

本文進行各構面題項的檢定，以 Cronbach's α 檢定信度，以因素負荷量檢測效度。首先，完成問卷設計後，選擇二個機關，發出 100 份（各 50 份）問卷針對薦任科員以上公務員進行先試，以作為題項修正的參考，直到 Cronbach's α 值及因素負荷量值分別達到 0.5 以上，再進行全面性問卷調查，並再次檢測其 Cronbach's α 及因素負荷量值。

（二）描述性統計

本文分別進行問卷資料及基本資料統計，分別說明如下：

（1）問卷資料統計：進行研究構面及各題項平均值統計，了解各構面及題項調查平均值。

（2）基本資料統計：針對本文受訪對象薦任科員以上公務員，進行性別、年齡、教育程度、職位及年資等基本資料分布情形統計分析。

（3）領導行為構面統計：針對領導行為的共築願景、挑戰舊習及鼓舞人心等三個構面，進行全體及依性別、年齡、教育程度、職位、年資等平均值統計，另分析三個構面評點分布及比較其重要性。

（4）組織績效構面統計：針對組織績效管理的政策價值、設定目標、作業流程、支援活動及組織行為活動等五個構面，進行全體及依性別、年齡、教育程度、職位、年資等平均值統計；另分析五個構面評點分布及比較其重要性。

（三）各變數的 t 值與變異數統計檢定

本文分別以控制變數之受訪者人口統計資料、行政機關類型、行政首長背景，針對各變數進行 t 值或變異數的統計檢定，以瞭解在不同控制變數的情況下，本文所調查的變異數是否具有差異，以及其所隱含的意義。

（四）相關分析

本文研究除進行變數間 Pearson 相關分析外，並就本研究領導行為與績效管理二大變數構面間進行交叉統計分析各構面相關係數，以瞭解行政首長採行的領導行為三個構念，分別對組織績效管理五個構念的影響關係。

（五）迴歸分析

本文為檢定研究假設是否獲得支持，經由建構迴歸統計模式分別檢定。首先，以領導行為構面為自變數，估計應變數值，迴歸統計模式如下：

$$Y＝截距＋因素\ 1＋因素\ 2＋……＋誤差$$

其次，以領導行為構面之自變數，分別加上調節變數，估計應變數值，迴歸統計模式如下：

$$Y1＝截距＋因素\ 1＋因素\ 2＋……＋調節變數＋……＋交互作用$$

第六章　研究結果分析

本章共分為三部份，第一部份為基本資料分析，主要說明本文之問卷調查回收情形、回收樣本的結構及信效度分析；解析受訪者對各變項的看法，以及不同受訪者與行政首長對不同變項的看法是否具有差異；第二部份為實證結果分析，檢測各變項間關係、迴歸分析及本文研究假設檢定；第三部份則就本文研究結果進行討論。

一、基本資料分析

（一）樣本結構分析

本文選擇行政院所屬 12 個二級機關，共發出 720 份問卷，回收 603 份（回收率 84%），有效問卷 548 份（有效問卷比率 76%）。而有效樣本問卷結構如表 6-1，其中男性 275 人（50.18%）、女性 273 人（49.82%）；年齡分布以 30～39 歲 209 人（38.14%）最多，其次為 40～49 歲 203 人（37.04%）、50～59 歲 104 人（18.98%）；教育程度幾乎為大專以上，其中碩博士者有 288 人（45.26%）；職位分布為 7～9 等專員、秘書等職務 221 人（40.33%）最多，其次為 6～7 等科員、技士等 167 人（30.47%）、科長 105 人（19.16%），以及簡任以上人員 55 人（10.03%）；服務年資以 6～20 年間者居多。

　　本文經商請行政院人事行政局資訊中心提供 12 個機關母體人口統計資料，經由樣本與母體檢定結果顯示，樣本與母體在性別及職務二項不具有顯著差異，在年齡（<0.001）、教育程度（<0.01）及服務年資（<0.001）三項具有顯著差異；經進一步檢視樣本結構，本文樣本年齡層集中在 30～49 歲（75.18%），而 50 歲以上樣本（19.53）與母體（32.96%）比例差距較大，而高年齡層者根據行政院人事行政局統計資料（2007），平均教育程度較低及服務年資較長，故產生三者連鎖的差異，這個現象與高年齡者問卷回收率偏低有關。整體而言，本文樣本近似母體的結構。

表 6-1　樣本人口統計變數百分比率表

人口統計變數	類　　別	人　　數	百 分 比
性　別	男性	275	50.18%
	女性	273	49.82%
	合　計	548	100.00%
年　齡	29 歲以下	29	5.29%
	30～39 歲	209	38.14%
	40～49 歲	203	37.04%
	50～59 歲	104	18.98%
	60 歲以上	3	0.55%
	合　計	548	100.00%
教育程度	高中職或以下	1	0.18%
	專科	42	7.66%
	大學	257	46.90%
	碩士	244	44.53%
	博士	4	0.73%
	合　計	548	100.00%

職　　務	六～七等（科員、技士等）	167	30.47%
	七～九等（專員、秘書等）	221	40.33%
	九等（科長）	105	19.16%
	十～十一職等（專門委員、簡任視察、秘書、副司（處）長、主任）	45	8.21%
	十二職等（參事、研究委員、司（處）長）	10	1.82%
	合　　計	548	100.00%
服務年資	1～5 年	85	15.51%
	6～10 年	108	19.71%
	11～15 年	157	28.65%
	16～20 年	97	17.70%
	21～25 年	62	11.31%
	26 年以上	39	7.12%
	合　　計	548	100.00%

註：問卷共發出 720 份，回收 603 份（佔所發問卷 84%），有效問卷共 548 份（佔所發問卷 76%）。

（二）信度、效度分析

　　本文採取一般學術上最常用的 Cronbach's α 值檢測各變數間的信度，以因素負荷量來檢測效度，並檢測各題項與變數之相關係數。領導行為量表的 Cronbach's α 值均在 0.95 以上；行政專業特質量表的 Cronbach's α 值在 0.96 以上；值得信任量表的 Cronbach's α 值在 0.94 以上；組織績效管理量表的 Cronbach's α 值在 0.95 以上，根據 Nunnally（1978）建議 Cronbach's α 值大於或等於 0.7 屬於很有效的範圍，因此本文各量表的信度達到可接受的水準。

　　其次，本文各變數的題項之因素負荷量均達 0.5 以上，亦為可接受的水準。本文各題項與變數之相關係數，在 p＜0.001 水準下達到顯著的水準，即表示本文各題項與變數間具有顯著相關性。

（三）平均數與標準差分析

　　本文就受訪者對行政首長領導行為、行政專業特質、行政首長值得信任及組織績效管理等各變數的看法，彙整如表 6-2，茲分析如下：

1、受訪者對行政首長領導行為的看法

　　本文問卷採用李克特五點量表衡量之，由表 6-2 中領導行為的三個構念平均數顯示，共築願景的平均數為 3.62、挑戰舊習為 3.57 及鼓舞士氣為 3.58，各構念的平均數均大於 3，表示受訪者對本文所調查的行政首長採取之三項領導行為，偏向肯定的看法；由上述三項領導行為來看，現任行政首長最重視的領導方式為共築願景，其次為鼓舞士氣，再者為挑戰舊習。

2、受訪者對行政專業特質的看法

　　本文採用制度規範及專業規範作為測試行政機關是否存在此二項專業特質，由表 6-2 中行政專業特質二項構念平均值顯示，制度規範及專業規範的平均數都為 3.72，二平均數均大於 3，表示受訪者對本文所調查的二項行政專業特質，偏向肯定的看法，即行政機關確實存在與企業及非營利機構不同的專業特質。

３、受訪者對行政首長值得信任的看法

本文採用正直、才能及一致等三項構念檢測行政首長值得信任的程度，由表6-2中值得信任之三項構念平均數顯示，正直的平均數為3.57、才能為3.76及一致為3.63，各構念的平均數均大於3，表示受訪者對本文所調查的三項行政首長值得信任的構念，偏向肯定看法；由上述平均數顯示，受訪者認為行政首長的才能最值得信任，其次為政策的一致性，再次為行政首長的真誠度及對員工的重視度。

表6-2　各研究變數平均數與標準差統計表

研　究　變　數		題　數	樣本數	平均數	標準差
領導行為	共築願景	6	548	3.62	0.68
	挑戰舊習	6	548	3.57	0.65
	鼓舞士氣	6	548	3.58	0.72
小　　計		18	548	3.59	0.62
行政專業特質	制度規範	6	548	3.72	0.53
	專業規範	6	548	3.72	0.52
小　　計		12	548	3.72	0.49
值得信任	正直	3	548	3.57	0.72
	才能	3	548	3.76	0.67
	一致	3	548	3.63	0.65
小　　計		9	548	3.66	0.62
組織績效管理	政策價值	6	548	3.63	0.60
	設定目標	6	548	3.43	0.63
	作業流程	6	548	3.54	0.61
	支援活動	6	548	3.65	0.55
	組織行為活動	6	548	3.51	0.65
小　　計		30	548	3.55	0.54

　　4、受訪者對組織績效管理的看法

　　本文採用政策價值、設定目標、作業流程、支援活動及組織行為活動等五項構念，檢測行政機關績效管理活動情形，由表 6-2 中組織績效管理之五項構念的平均數顯示，政策價值的平均數為3.63、設定目標為 3.43、作業流程 3.54、支援活動為 3.65 及組織行為活動為 3.51，各構念的平均數均大於 3，表示受訪者對本文所調查的行政機關五項績效管理活動，偏向肯定的看法；由上述平均數顯示，受訪者認為行政機關最重視內部管理的支援活動，其次為政策是否符合需求及內部作業流程改善，而對組織目標設定及達成的看法稍弱。

（四）各變數的 t 值與變異數統計檢定

　　1、以受訪者人口統計資料檢定

　　本文就受訪者人口統計資料之性別、年齡、教育程度、職務及年資對各變數進行統計檢定如表 6-3。由表 6-3 檢定結果顯示，除性別在 $p < 0.05$ 下，對組織績效管理具有顯著性外，其他受訪者基本資料對領導行為、行政專業特質、值得信任及組織績效管理的認知均不具顯著性差異；而性別對組織績效管理認知的差異性，可能與男性或女性的不同特質及職位分布差異有關。

表 6-3　受訪者人口統計資料與研究變數之統計檢定表

變項／基本資料	性別 （t 值）	年齡 （F 值）	教育程度 （F 值）	職務 （F 值）	年資 （F 值）
領導行為	1.13	1.37	1.13	1.24	1.92
行政專業特質	1.63	1.21	1.29	1.71	1.80
值得信任	0.78	0.76	1.90	0.91	0.90
組織績效管理	2.19*	1.09	1.43	0.94	1.81

註：「＊」：$p < 0.05$。性別以 t 統計考驗，年齡、教育程度、職務、年資則以變異數分析進行檢定。

2、以機關類型區分檢定

本文就所調查機關類型區分為專業機關及管理機關，對各變數進行統計檢定如表 6-4。由表 6-4 檢定結果顯示，專業機關與管理機關在 $p < 0.05$ 下對組織績效管理具有顯著性的差異，而對領導行為、行政專業特質及值得信任等變項均不具顯著性差異。這項專業機關與管理機關績效差異的結果，與第三章行政院所屬各機關 2004～2006 年施政績效評估結果現象頗為相近，由本文調查管理機關組織績效管理的平均值（3.63）優於專業機關的平均值（3.52），而從行政院所屬各機關實務績效評估結果顯示，管理機關績效的排序明顯優於專業機關；這可能與二者機關業務性質有關，一般而言，管理機關業務較為明確，目標較易訂定，專業機關配合國家總體發展政策，各項業務受環境影響變動性較大，政策執行困難度較高，相對目標較不易達成，若在績效評估過程中未考慮整體環境、業務性質及目標困難度等因素，二者比較常會發生所得結果有所繆誤。

表 6-4　機關類型與各變項統計 t 檢定表　N=548

變項／機關類型	專業機關（1）			管理機關（2）			t 值（p-value）	兩者比較
	樣本數	平均值	標準差	樣本數	平均值	標準差		
領導行為	383	3.56	0.59	165	3.66	0.69	-1.66 (0.10)	—
共築願景	383	3.61	0.62	165	3.65	0.73	-0.74 (0.46)	—
挑戰舊習	383	3.52	0.62	165	3.69	0.69	-2.98 (0.00)***	2>1
鼓舞士氣	383	3.56	0.69	165	3.64	0.77	-1.18 (0.24)	—
行政專業特質	383	3.73	0.47	165	3.70	0.54	0.57 (0.57)	—
制度規範	383	3.72	0.51	165	3.71	0.59	0.09 (0.93)	—
專業規範	383	3.74	0.50	165	3.69	0.55	1.05 (0.29)	—
值得信任	383	3.67	0.57	165	3.62	0.71	0.80 (0.43)	—
正直	383	3.58	0.69	165	3.55	0.79	0.53 (0.60)	—
才能	383	3.79	0.63	165	3.71	0.74	1.16 (0.25)	—
一致	383	3.64	0.59	165	3.61	0.77	0.52 (0.60)	—
組織績效管理	383	3.52	0.52	165	3.63	0.59	-2.11 (0.04)*	2>1
政策價值	383	3.60	0.58	165	3.70	0.65	-1.74 (0.08)	—
設定目標	383	3.40	0.61	165	3.53	0.68	-2.23 (0.03)*	2>1
作業流程	383	3.52	0.59	165	3.60	0.67	-1.50 (0.13)	—
支援活動	383	3.63	0.53	165	3.71	0.58	-1.64 (0.10)	—
組織行為活動	383	3.46	0.65	165	3.62	0.65	-2.70 (0.01)**	2>1

註：「＊」：p<0.05；「＊＊」：p<0.01；「＊＊＊」：p<0.001

　　其次，就專業機關及管理機關與各變數的因素進行檢定，由表6-4 結果顯示，其中專業機關與管理機關在領導行為的挑戰舊習部分，在 p＜0.001 情況下具有顯著的差異，而管理機關的平均值（3.69）大於專業機關的平均值（3.52）；另外，專業機關與管理機關在組織績效管理的設定目標（p＜0.05）及組織行為活動（p＜0.01）部分具有顯著性的差異，且管理機關二項平均值均大於專業機關。

　　再者，就專業機關與管理機關的行政首長領導行為及組織績效管理之平均值來看，受訪者認為專業機關首長領導行為採取的優先順序為共築願景、鼓舞士氣及挑戰舊習，管理機關首長領導行為的優先順序為挑戰舊習、共築願景及鼓舞士氣，二者間明顯具有差異；而受訪者對專業機關及管理機關之組織績效管理認知差異不大。

　　本文為進一步瞭解專業機關或管理機關其個別機關之領導行為是否具有差異。經統計檢定結果如表 6-5。由表 6-5 結果顯示，專業機關部分，各機關行政首長之共築願景領導行為在 p<0.05 下有顯著差異，但各機關間運用 Scheffe's test 事後結果比較並無差異；挑戰舊習領導行為無顯著差異；而鼓舞士氣領導行為在 p<0.001 下具有顯著差異，其中衛生行政與海巡管理機關行政首長分別優於農政機關。管理機關部分，所調查的四個機關行政首長在三項領導行為均有顯著差異，整體而言，人力管理及研考機關分別優於工程管理及統籌性機關。

　　本文就不同類型個別機關之績效管理進一步分析如表 6-6。由表 6-6 統計結果顯示，專業機關部分，績效管理活動在政策價值（p<0.01）、設定目標（p<0.01）及組織行為活動（p<0.001）均具有顯著差異，經由事後結果比較，其中以財政及海巡機關分別優於農政機關；管理機關部分，績效管理活動在政策價值（p<0.05）、設定目標（p<0.05）、支援活動（p<0.01）及組織行為活動（p<0.01）均具有顯著差異，但經由事後結果比較，僅在政策價值部分人事管理機關優於工程管理機關，支援活動部分研考機關優於工程管理機關。整體而言，在本項調查表現較佳機關，同時在本文第三章行政機關績效評估資料中均有較佳結果。

表 6-5　不同類型個別機關行政首長領導行為之差異比較統計檢定

機關別		樣本數	領導行為					
			共築願景		挑戰舊習		鼓舞士氣	
			平均值	標準差	平均值	標準差	平均值	標準差
專業機關	A_1	38	3.49	0.62	3.44	0.53	3.28	0.79
	B_2	56	3.77	0.56	3.63	0.58	3.70	0.60
	C_3	44	3.44	0.50	3.43	0.56	3.27	0.59
	D_4	57	3.75	0.73	3.58	0.80	3.58	0.74
	E_6	44	3.57	0.71	3.62	0.63	3.79	0.70
	F_7	56	3.68	0.50	3.51	0.45	3.79	0.38
	G_9	36	3.64	0.67	3.56	0.75	3.78	0.73
	H_{11}	52	3.43	0.61	3.37	0.59	3.24	0.72
F 值			2.47（**0.02**）*		1.18（**0.32**）		6.63（**<0.0001**）***	
結果比較			—		—		$F_7 > C_3$、$F_7 > H_{11}$、$E_6 > H_{11}$	
管理機關	I_5	39	4.02	0.53	3.96	0.51	4.01	0.51
	J_8	37	3.53	0.84	3.35	0.87	3.45	0.97
	K_{10}	56	3.68	0.58	3.78	0.54	3.83	0.51
	L_{12}	33	3.33	0.86	3.63	0.73	3.09	0.79
F 值			6.34 **(0.0004)***		5.86 **(0.0008)***		12.94 **(<0.0001)***	
結果比較			$I_5 > J_8$、$I_5 > L_{12}$		$I_5 > J_8$、$K_{10} > J_8$		$I_5 > J_8$、$I_5 > L_{12}$、$K_{10} > L_{12}$	

註：1、「*」：$p < 0.05$；「***」：$p < 0.001$；事後結果比較係運用 Scheffe's test
　　2、機關別中 A～L 為排序，1、2……為機關代號。

表 6-6 不同類型個別機關績效管理之差異比較統計檢定

機關別		樣本數	績效管理活動									
			政策價值		設定目標		作業流程		支援活動		組織行為活動	
			平均值	標準差	平均值	標準差	平均值	標準差	平均值	標準差	平均值	標準差
專業機關	A_1	38	3.52	0.57	3.18	0.64	3.49	0.59	3.55	0.51	3.32	0.66
	B_2	56	3.78	0.59	3.46	0.60	3.58	0.63	3.65	0.54	3.52	0.65
	C_3	44	3.63	0.50	3.28	0.54	3.47	0.48	3.65	0.49	3.32	0.58
	D_4	57	3.66	0.69	3.49	0.71	3.66	0.69	3.72	0.64	3.51	0.80
	E_6	44	3.63	0.51	3.53	0.53	3.56	0.57	3.58	0.62	3.51	0.63
	F_7	56	3.68	0.40	3.60	0.45	3.51	0.50	3.71	0.34	3.79	0.36
	G_9	36	3.53	0.56	3.42	0.63	3.54	0.63	3.55	0.57	3.45	0.65
	H_{11}	52	3.31	0.63	3.14	0.59	3.31	0.57	3.54	0.48	3.18	0.62
F 值			3.22 (0.003)**		3.95 (0.003)**		1.54 (0.15)		0.98 (0.45)		4.45 (<0.0001)***	
結果比較			$B_2 > H_{11}$		$F_7 > H_{11}$		—		—		$F_7 > H_{11}$	
管理機關	I_5	39	3.91	0.45	3.76	0.53	3.68	0.67	3.82	0.57	3.72	0.64
	J_8	37	3.64	0.77	3.40	0.85	3.54	0.80	3.58	0.71	3.51	0.76
	K_{10}	56	3.74	0.58	3.57	0.59	3.65	0.57	3.85	0.40	3.77	0.50
	L_{12}	33	3.44	0.73	3.32	0.71	3.49	0.66	3.49	0.62	3.39	0.69
F 值			3.42 (0.02)*		3.10 (0.03)*		0.68 (0.56)		3.98 (0.009)**		3.18 (0.03)*	
結果比較			$I_5 > L_{12}$		—		—		$K_{10} > L_{12}$		—	

註：1、「*」：$p<0.05$；「**」：$p<0.01$；「***」：$p<0.001$；事後結果比較係運用 Scheffe's test

2、機關別中 A～L 為排序，1、2……為機關代號。

3、以行政首長背景區分檢定

　　本文就行政首長之前工作背景對各變數進行統計檢定如表6-7。由表 6-7 檢定結果顯示，行政首長背景對領導行為（p＜0.001）、值得信任（p＜0.001）及組織績效管理（p＜0.001）統計上具有顯著性差異，而對行政專業特質則不具顯著性；從現任行政首長背景觀之，大致可區分為行政體系型、民代社運型及學者專家型，由於他們之前工作特性、歷練及個人信仰不同，其所採取的領導方式勢必產生差異；根據領導者行為理論主張，領導者行為可分為「系統導向（system-oriented）」的行動及「人員導向（person-oriented）」的行動等兩大範疇（羅虞村，1989），系統導向者偏向強調工作績效及任務完成，人員導向者偏向關懷員工，由於本文值得信任在檢側受訪者對行政首長認同程度，因此，不同首長採取不同領導方式，亦會影響行政首長與員工間信任關係；另根據本文第三章文獻探討顯示，行政首長領導方式與組織績效管理活動具有密切關係，而不同首長的領導方式，亦對組織績效產生影響。

　　其次，就行政體系、民代社運及學者專家三類型行政首長背景與各變數的因素進行檢定，由表 6-7 結果顯示，三個類型行政首長背景與領導行為的共築願景、挑戰舊習及鼓舞士氣等三因素，在 p＜0.001 情況下具有顯著性的差異，且三項平均值均為學者專家＞行政體系＞民代社運；其次，三個類型行政首長背景與值得信任的正直（p＜0.001）及才能（p＜0.05）具有顯著性的差異，而受訪者認為行政首長的正直與才能二項因素，其平均值亦為學者專家＞行政體系＞民代社運；另外，三個類型行政首長背景與組織績效管理的政策價值（p＜0.001）、設定目標（p＜0.001）、作業流程（p＜0.05）及組織行為活動（p＜0.001）具有顯著性的差異，其平均值同樣均為學者專家＞行政體系＞民代社運。綜合上述分析，受訪者認為行

政首長在領導行為、值得信任及組織績效管理等方面的表現，學者專家型首長最優，其次為行政體系型首長，再次為民代社運型首長。

再者，就行政首長背景不同類型其領導行為、值得信任程度及採取的組織績效管理活動的平均值來看，受訪者認為行政體系及民代社運背景的首長，其領導行為優先順序均為共築願景、挑戰舊習及鼓舞士氣，學者專家背景的首長其領導行為優先順序為鼓舞士氣、共築願景及挑戰舊習，由此顯示，行政體系與民代體系的行政首長的領導行為偏向於領導行為理論的工作（生產）導向，而學者專家型的行政首長的領導行為偏向於員工（關係）導向；而受訪者認為三類型首長其值得信任的因素順序均為才能、一致及正直；然而，受訪者認為行政體系及民代社運背景的首長在組織績效管理重視的順序均為支援活動、政策價值、作業流程、組織行為活動及目標設定，專家學者背景的首長其重視順序為政策價值、支援活動、組織行為活動、作業流程及目標設定，行政體系與民代社運型行政首長其重視的績效管理活動較為類似，然與專家學者型首長有些許差異。

本文就不同類型行政首長背景之領導行為進一步分析如表6-8。由表6-8統計結果顯示，學者專家型部分，行政首長領導行為在共築願景（p<0.01）、挑戰舊習（p<0.001）及鼓舞士氣（p<0.01）三項均有顯著差異，經由事後結果分析，行政首長在人事管理及研考機關者分別優於衛生行政及兩岸事務機關；行政體系型部分，在共築願景（p<0.05）及鼓舞士氣（p<0.01）二項具有顯著差異，經由事後比較，行政首長在海巡、退輔及交通管理機關者分別優於經濟及工程管理機關；而民代社運型部分並無顯著差異。整體而言，行政首長領導行為部分，學者專家型者在人事管理及研考機關表現較佳，行政體系型在軍警及交通機關表現較佳。

表6-7　行政首長背景與各變項統計檢定彙整表

變項／ 首長背景	行政體系（1）			民代社運（2）			學者專家（3）			F 值 (p-value)	事後 比較
	樣本數	平均值	標準差	樣本數	平均值	標準差	樣本數	平均值	標準差		
領導行為	226	3.55	0.61	90	3.37	0.59	232	3.72	0.62	11.28 (<0.00)***	3>1； 3>2
共築願景	226	3.59	0.66	90	3.45	0.61	232	3.71	0.66	5.45 (0.00)***	3>2
挑戰舊習	226	3.53	0.66	90	3.40	0.56	232	3.67	0.65	6.68 (0.00)***	3>2
鼓舞士氣	226	3.53	0.69	90	3.26	0.74	232	3.76	0.68	18.14 (<0.00)***	3>1>2
行政專業 特質	226	3.73	0.45	90	3.65	0.46	232	3.73	0.54	1.18 (0.31)	
制度規範	226	3.73	0.51	90	3.64	0.49	232	3.73	0.57	1.10 (0.33)	
專業規範	226	3.73	0.47	90	3.65	0.51	232	3.73	0.56	0.94 (0.39)	
值得信任	226	3.68	0.61	90	3.48	0.59	232	3.70	0.62	4.70 (0.01)**	3>2； 1>2
正直	226	3.58	0.73	90	3.34	0.71	232	3.65	0.70	6.26 (0.00)***	3>1； 1>2
才能	226	3.81	0.66	90	3.60	0.65	232	3.78	0.67	3.49 (0.03)*	1>2
一致	226	3.65	0.66	90	3.50	0.61	232	3.67	0.64	2.50 (0.08)	
組織績效 管理	226	3.55	0.52	90	3.34	0.51	232	3.64	0.55	9.91 (<0.00)***	3>2； 1>2
政策價值	226	3.61	0.58	90	3.40	0.61	232	3.74	0.59	11.17 (<0.00)***	3>1； 1>2
設定目標	226	3.44	0.62	90	3.16	0.61	232	3.54	0.63	12.41 (<0.00)***	3>1； 1>2
作業流程	226	3.54	0.59	90	3.39	0.58	232	3.60	0.64	4.03 (0.02)*	3>2
支援活動	226	3.64	0.54	90	3.54	0.49	232	3.70	0.57	2.83 (0.06)	
組織行為 活動	226	3.51	0.65	90	3.24	0.64	232	3.61	0.64	11.08 (<0.00)***	3>1； 1>2

註：「*」：$p < 0.05$；「**」：$p < 0.01$；「***」：$p < 0.001$；事後比較係運用 Scheffe's test

表 6-8 不同類型行政首長背景之領導行為差異比較統計檢定

首長\背景別	樣本數	領導行為					
		共築願景		挑戰舊習		鼓舞士氣	
		平均值	標準差	平均值	標準差	平均值	標準差
學者專家 A_2	56	3.77	0.56	3.63	0.58	3.70	0.60
B_5	39	4.02	0.53	3.96	0.51	4.01	0.51
C_6	44	3.57	0.71	3.62	0.63	3.79	0.70
D_8	37	3.53	0.84	3.35	0.87	3.45	0.97
E_{10}	56	3.68	0.58	3.78	0.54	3.83	0.51
F 值		3.69 (0.006)**		5.06 (0.0006)***		3.65 (0.007)**	
結果比較		$B_5 > C_6$、$B_5 > D_8$		$B_5 > D_8$、$E_{10} > D_8$		$B_5 > D_8$	
行政體系 F_3	44	3.44	0.50	3.43	0.56	3.27	0.59
G_4	57	3.75	0.73	3.58	0.80	3.58	0.74
H_7	56	3.68	0.50	3.51	0.45	3.79	0.38
I_9	36	3.64	0.67	3.56	0.75	3.78	0.73
J_{12}	33	3.33	0.86	3.63	0.73	3.09	0.79
F 值		3.11 (0.016)*		0.54 (0.71)		9.40 (<0.0001)***	
結果比較		—		—		$H_7 > F_3$、$H_7 > J_{12}$、$I_9 > F_3$、$I_9 > J_{12}$、$G_4 > J_{12}$	
民代社運 K_1	38	3.49	0.62	3.44	0.53	3.28	0.79
L_{11}	52	3.43	0.61	3.37	0.59	3.24	0.72
t 值		0.44 (0.66)		0.65 (0.52)		0.25 (0.80)	

註：1、「*」：p<0.05；「**」：p<0.01；「***」：p<0.001；事後結果比較係運用 Scheffe's test

2、機關別中 A～L 為排序，1、2…為機關代號。

　　就不同類型行政首長背景之值得信任進一步分析如表 6-9。由表 6-9 統計結果顯示，學者專家部分，在正直（p<0.01）及才能（p<0.001）二項具有顯著差異，惟經由事後比較結果，各行政首長並無差異；行政體系部分，在正直（p<0.01）、才能（p<0.001）及一致（p<0.05）三項均具有差異，經由事後比較結果，警政及軍方背景的行政首長在正直及才能方面具有優異表現；而民代社運型部分則無顯著差異。

　　就不同類型行政首長背景之績效管理，進一步分析如表 6-10。由表 6-10 統計結果顯示，整體而言，學者專家型、行政體系型及民代社運型三者其個別行政首長績效管理並不具顯著性差異。

3、以行政專業特質情境因素區分檢定

　　本文以所調查的專業特質平均值為基準，區分為高行政專業特質與低行政專業特質情境的組織，檢定其對領導行為及組織績效管理影響效果如表 6-11。由表 6-11 t 值檢定結果顯示，高專業特質與低專業特質二者環境因素情境，對領導行為及其共築願景、挑戰舊習、鼓舞士氣等三項因素，以及組織績效管理與其政策價值、設定目標、作業流程、支援活動、組織行為活動等五項因素，在 p<0.001 下均具有統計上顯著性差異，其中高行政專業特質的影響力均優於低行政專業特質，即行政機關專業特質的高低，對行政首長的領導行為及行政機關的績效管理均具有調節（或稱干擾）的效果。

表 6-9　不同類型行政首長背景之值得信任差異比較統計檢定

首長 背景別	樣本數	值得信任					
		正直		才能		一致	
		平均值	標準差	平均值	標準差	平均值	標準差
學者專家 A_2	56	3.81	0.54	3.94	0.54	3.71	0.50
學者專家 B_5	39	3.89	0.62	4.02	0.48	3.86	0.49
學者專家 C_6	44	3.52	0.69	3.64	0.63	3.62	0.63
學者專家 D_8	37	3.44	0.91	3.66	0.93	3.53	0.86
學者專家 E_{10}	56	3.57	0.70	3.65	0.66	3.63	0.70
F 值		3.38 (0.01)**		3.44 (0.01)**		1.48 (0.21)	
結果比較		—		—		—	
行政體系 F_3	44	3.45	0.64	3.68	0.51	3.55	0.58
行政體系 G_4	57	3.64	0.80	3.80	0.66	3.75	0.63
行政體系 H_7	56	3.65	0.51	4.07	0.52	3.74	0.51
行政體系 I_9	36	3.88	0.77	3.85	0.74	3.75	0.66
行政體系 J_{12}	33	3.21	0.86	3.49	0.81	3.36	0.94
F 值		4.40 (0.002)**		4.48 (0.001)***		2.69 (0.03)*	
結果比較		$I_9 > J_{12}$		$H_7 > J_{12}$		—	
民代社運 K_1	38	3.35	0.73	3.57	0.73	3.46	0.68
民代社運 L_{11}	52	3.33	0.70	3.62	0.59	3.52	0.56
t 值		0.16 (0.88)		-0.32 (0.75)		-0.41 (0.68)	

註：1、「*」：$p < 0.05$；「**」：$p < 0.01$；「***」：$p < 0.001$；事後結果比較係
　　運用 Scheffe's test
　　2、機關別中 A～L 為排序，1、2…為機關代號。

表 6-10　不同類型行政首長背景之組織績效管理差異比較統計檢定

背景別	首長	樣本數	績效管理活動									
			政策價值		設定目標		作業流程		支援活動		組織行為活動	
			平均值	標準差	平均值	標準差	平均值	標準差	平均值	標準差	平均值	標準差
學者專家	A_2	56	3.78	0.59	3.46	0.60	3.58	0.63	3.65	0.54	3.52	0.65
	B_5	39	3.91	0.45	3.76	0.53	3.68	0.67	3.82	0.57	3.72	0.64
	C_6	44	3.63	0.51	3.53	0.53	3.56	0.57	3.58	0.62	3.51	0.63
	D_8	37	3.64	0.77	3.40	0.85	3.54	0.80	3.58	0.71	3.51	0.76
	E_{10}	56	3.74	0.58	3.57	0.59	3.65	0.57	3.85	0.40	3.77	0.50
F 值			1.54 (0.19)		1.98 (0.10)		0.40 (0.81)		2.52 (0.04)		2.01 (0.09)	
結果比較			－		－		－		－		－	
行政體系	F_3	44	3.63	0.50	3.28	0.54	3.47	0.48	3.65	0.49	3.32	0.58
	G_4	57	3.66	0.69	3.49	0.71	3.66	0.69	3.72	0.64	3.51	0.80
	H_7	56	3.68	0.40	3.60	0.45	3.51	0.50	3.71	0.34	3.79	0.36
	I_9	36	3.53	0.56	3.42	0.63	3.54	0.63	3.55	0.57	3.45	0.65
	J_{12}	33	3.44	0.73	3.32	0.71	3.49	0.66	3.49	0.62	3.39	0.69
F 值			1.18 (0.32)		2.12 (0.08)		0.79 (0.53)		1.46 (0.21)		4.14 (0.003)**	
結果比較			－		－		－		－		$H_7 > F_3$	
民代社運	K_1	38	3.52	0.57	3.18	0.64	3.49	0.59	3.55	0.51	3.32	0.66
	L_{11}	52	3.31	0.63	3.14	0.59	3.31	0.57	3.54	0.48	3.18	0.62
t 值			1.60 (0.11)		0.32 (0.75)		1.44 (0.15)		0.13 (0.89)		1.02 (0.31)	

註： 1、「**」：$p < 0.01$；事後結果比較係運用 Scheffe's test
　　 2、機關別中 A～L 為排序，1、2…為機關代號。

表 6-11 高、低行政專業特質與自變項、應變項統計 t 檢定表

變項／ 行政機關特質	高行政專業特質（1）			低行政專業特質（2）			t 值 (p-value)	兩者 比較
	樣本數	平均值	標準差	樣本數	平均值	標準差		
領導行為	312	3.86	0.52	236	3.23	0.55	13.70 (<0.00)***	1>2
共築願景	312	3.91	0.55	236	3.23	0.58	13.96 (<0.00)***	1>2
挑戰舊習	312	3.83	0.57	236	3.23	0.58	12.02 (<0.00)***	1>2
鼓舞士氣	312	3.85	0.61	236	3.23	0.70	10.89 (<0.00)***	1>2
組織績效管理	312	3.85	0.40	236	3.17	0.45	18.14 (<0.00)***	1>2
政策價值	312	3.92	0.45	236	3.24	0.55	15.47 (<0.00)***	1>2
設定目標	312	3.75	0.50	236	3.01	0.54	16.60 (<0.00)***	1>2
作業流程	312	3.84	0.47	236	3.15	0.56	15.25 (<0.00)***	1>2
支援活動	312	3.90	0.43	236	3.33	0.52	13.79 (<0.00)***	1>2
組織行為活動	312	3.82	0.52	236	3.10	0.59	14.69 (<0.00)***	1>2

註：「***」：$p < 0.001$

4、以值得信任情境因素區分檢定

本文以所調查的值得信任程度的平均值為基準，區分為高值得信任及低值得信任情境的組織，檢定其對領導行為及組織績效管理影響效果如表 6-12。由表 6-12 t 值檢定結果顯示，高值得信任及低值得信任二者人為情境因素，對領導行為及其三項因素，以及組織績效管理與其五項因素，在 $p < 0.001$ 下均具有統計上顯著性差異，其中高值得信任的影響力均大於低值得信任，即行政首長值得信任的程度高低，對其領導行為及行政機關的績效管理均具有調節的效果。

表 6-12　高、低值得信任與自變項、應變項統計 t 檢定表

變項／值得信任程度	高值得信任（1）			低值得信任（2）			t 值（p-value）	兩者比較
	樣本數	平均值	標準差	樣本數	平均值	標準差		
領導行為	324	3.92	0.45	224	3.11	0.50	19.85（<0.00）***	1>2
共築願景	324	3.96	0.49	224	3.12	0.54	18.96（<0.00）***	1>2
挑戰舊習	324	3.87	0.51	224	3.13	0.56	15.98（<0.00）***	1>2
鼓舞士氣	324	3.94	0.54	224	3.07	0.63	16.72（<0.00）***	1>2
組織績效管理	324	3.81	0.44	224	3.18	0.43	16.60（<0.00）***	1>2
政策價值	324	3.91	0.43	224	3.22	0.49	15.54（<0.00）***	1>2
設定目標	324	3.72	0.49	224	3.02	0.49	15.45（<0.00）***	1>2
作業流程	324	3.78	0.51	224	3.21	0.50	12.03（<0.00）***	1>2
支援活動	324	3.87	0.43	224	3.34	0.45	12.70（<0.00）***	1>2
組織行為活動	324	3.79	0.50	224	3.10	0.54	14.36（<0.00）***	1>2

註：「***」：$p < 0.001$

5、以行政專業特質及值得信任二者情境因素區分檢定

本文以所調查的行政專業特質及值得信任之平均值為基準，將其區分為高行政專業特質高值得信任、高行政專業特質低值得信任、低行政專業特質高值得信任及低行政專業特質低值得信任四個象限情境，對領導行為及組織績效管理影響效果進行變異數統計檢定如表 6-13。由表 6-13 檢定結果顯示，在四種情境下，對領導行為及其三項因素，以及組織績效管理及其五個因素均具有統計上顯著性差異（$p < 0.001$），即在不同的行政專業特質及值得信任情境下，對行政首長的領導行為及行政機關的績效管理具有調節的效果。

其次，就四種情境運用 Scheffe's test 進行事後結果比較。由表 5-16 事後比較結果顯示，整體而言，在領導行為方面，高行政專業特質高值得信任情境下，其影響效果分別優於其他三種；高值得信

任低行政專業特質優於高行政專業特質低值得信任，惟前述二者與低行政專業特質低值得信任並無顯著差異。在組織績效管理方面，高行政專業特質高值得信任優於其他三種情境；高行政專業特質低值得信任與高值得信任低行政專業特質間並不具有顯著差異，惟二者均優於低行政專業特質低值得信任的情境。

接著，本文就行政機關不同的專業環境及人為信任情境下，行政首長採取的領導行為及行政機關的績效管理措施分析如下：

(1) 高行政專業特質高值得信任組織：行政首長採取的領導行為優先順序為共築願景、鼓舞士氣及挑戰舊習；行政機關採行的績效管理措施順序為政策價值、支援活動、組織行為活動、作業流程及設定目標，此類型的組織偏重於政策規劃，其次為激勵士氣，再次為政策執行。

(2) 高行政專業特質低值得信任組織：行政首長採取的領導行為優先順序為共築願景、挑戰舊習及鼓舞士氣；行政機關採行的績效管理措施順序為支援活動、作業流程、政策價值、設定目標及組織行為活動，此類型組織偏重政策規劃，其次為政策執行，再次為激勵士氣。

(3) 低行政專業特質高值得信任組織：行政首長採取的領導行為優先順序為鼓舞士氣、共築願景及挑戰舊習；行政機關採行的績效管理措施順序為政策價值、支援活動、組織行為活動、設定目標及作業流程，此類型組織偏重於激勵士氣，其次為政策規劃，再次為政策執行。

(4) 低行政專業特質低值得信任組織：行政首長採取的領導行為優先順序為挑戰舊習、共築願景及鼓舞士氣；行政機關採行的績效管理措施順序為支援活動、政策價值、作業流程、組

織行為活動及設定目標，此類型組織在政策規劃、政策執行
及激勵士氣等三者管理措施均偏弱，且差異性不大。

表 6-13　行政專業特質、值得信任與自變項及應變項之變異數統計檢定彙整表

變項／情境因素	高行政專業特質及高值得信任（1）		高行政專業特質及低值得信任（2）		低行政專業特質及高值得信任（3）		低行政專業特質及低值得信任（4）		F 值 (p-value)	事後比較
	平均值	標準差	平均值	標準差	平均值	標準差	平均值	標準差		
領導行為	3.98	0.44	3.24	0.47	3.69	0.44	3.07	0.50	145.13 (<0.00)***	1>3>2；1>4
共築願景	4.03	0.48	3.30	0.51	3.70	0.46	3.07	0.54	136.19 (<0.00)***	1>3>2>4
挑戰舊習	3.94	0.49	3.23	0.61	3.59	0.51	3.11	0.54	96.43 (<0.00)***	1>3>2；1>4
鼓舞士氣	3.97	0.53	3.19	0.57	3.78	0.55	3.04	0.64	102.77 (<0.00)***	1>2；1>4 3>2；3>4
組織績效管理	3.91	0.38	3.51	0.36	3.41	0.50	3.08	0.41	151.38 (<0.00)***	1>2；2>4 1>3>4
政策價值	3.99	0.42	3.58	0.47	3.58	0.52	3.12	0.51	120.41 (<0.00)***	1>2；2>4 1>3>4
設定目標	3.82	0.47	3.38	0.49	3.31	0.54	2.91	0.50	122.66 (<0.00)***	1>2；2>4 1>3>4
作業流程	3.89	0.46	3.58	0.45	3.30	0.64	3.10	0.52	91.72 (<0.00)***	1>2>3；1>4；2>4
支援活動	3.95	0.41	3.62	0.43	3.52	0.55	3.26	0.49	83.43 (<0.00)***	1>2；2>4 1>3>4
組織行為活動	3.90	0.46	3.37	0.60	3.34	0.61	3.02	0.56	101.92 (<0.00)***	1>2；2>4 1>3>4

註：「***」：p＜0.001；事後比較係運用 Scheffe's test

二、實證結果分析

（一）相關分析

　　本文就自變數之領導行為、調節變數之行政專業特質及值得信任，以及應變數之組織績效管理間的關係，進行相關性分析彙整如表 6-14。茲分析說明如下：

　　1、領導行為與各變項間關係

　　由表 6-14 相關統計結果顯示，自變項領導行為之共築願景、挑戰舊習及鼓舞士氣等三因素間，在 $p < 0.001$ 情況下具有統計上顯著性的相關，顯示三者為行政首長一系列的領導行為，且前後間具有密切的關係。

　　其次，領導行為的三因素與調節變數之行政專業特質的制度規範及專業規範間，在 $p < 0.001$ 情況下具有統計上顯著性的相關，即行政首長領導行為與行政機關具有的專業特質具有高度的相關；而領導行為的三因素與調節變數之值得信任的正直、才能及一致等三因素間，在 $p < 0.001$ 情況下具有顯著性的相關，即行政首長領導行為與部屬對其信任的程度具有高度的相關。

　　其次，就自變數領導行為的三因素與應變數之組織績效管理的政策價值、設定目標、作業流程、支援活動及組織行為活動等五因素進行相關統計分析。由表 6-14 顯示，二者間在 $p < 0.001$ 情況下具有統計上顯著性的相關，且二者的各因素間在 $p < 0.001$ 情況下均具有統計上顯著性相關，即二者間具有高度的相關性。

　　根據本文分析二者屬性關係彙整如表 6-15，並說明如下：

(1) 領導者與部屬共策願景與促成組織績效的關係：領導者
應將組織願景、策略及目標讓每一位員工瞭解，並鼓勵
員工採取具體的行動，朝向組織願景與目標努力；領導
者應引導組織的策略結合資源及流程，以配合組織願景
與目標的達成，並建構以組織願景、策略及目標相連結
的關鍵績效指標，鼓勵發揮團隊精神及跨部門合作，以
產生組織綜效。

(2) 領導者具備挑戰舊習屬性與促進組織績效的關係：領導
者必須不斷尋找組織創新的機會，設定組織、部門或員
工具有挑戰性的目標，鼓勵員工挑戰現有做事的方法，
持續的改善工作流程；領導者應鼓勵引進外部資源，協
助組織業務的發展；建構組織分層負責體制，充分授權
部門或團隊處理緊急事務，並引導組織以學習代替評
估，以問題解決代替管制。

(3) 領導者具備鼓舞士氣屬性與促進組織績效的關係：領導
者能夠提出讓員工感受到工作意義與希望的政策，讓員
工主動願意奉獻個人的能力與智慧，對於所屬的優良表
現應給予適時的鼓勵或表揚，誠懇的舉辦公開或成果發
表會，與員工共同分享榮耀；經常向有功員工致上感謝，
並對員工發自真心的關懷。

表 6-14 各變項相關分析彙整表

研究變項	1	2	3	4	5	6	7	8	9	10	11	12
自變項												
1. 共築願景	----											
2. 挑戰舊習	0.78***	----										
3. 鼓舞士氣	0.80***	0.74***	----									
調節變項 1												
4. 制度規範	0.62***	0.51***	0.54***	----								
5. 專業規範	0.52***	0.47***	0.49***	0.73***	----							
調節變項 2												
6. 正直	0.73***	0.62***	0.74***	0.62***	0.58***	----						
7. 才能	0.73***	0.63***	0.70***	0.64***	0.56***	0.78***	----					
8. 一致	0.64***	0.59***	0.61***	0.59***	0.54***	0.71***	0.71***	----				
應變項												
9. 政策價值	0.59***	0.56***	0.56***	0.69***	0.62***	0.62***	0.63***	0.65***	----			
10. 設定目標	0.62***	0.61***	0.60***	0.66***	0.62***	0.62***	0.61***	0.60***	0.79***	----		
11. 作業流程	0.56***	0.57***	0.52***	0.65***	0.61***	0.56***	0.54***	0.55***	0.72***	0.78***	----	
12. 支援活動	0.54***	0.53***	0.52***	0.66***	0.59***	0.54***	0.55***	0.52***	0.72***	0.75***	0.77***	----
13. 組織行為活動	0.59***	0.59***	0.64***	0.61***	0.59***	0.61***	0.60***	0.56***	0.68***	0.75***	0.71***	0.75***

註：「*」：p＜0.05；「**」：p＜0.01；「***」：p＜0.001

表 6-15　領導屬性與組織績效屬性間的關係分析表

組織 領導 績效	政策價值	目標設定	作業流程	支援活動	組織行 為活動
共築 願景	領導者除將組織價值觀化為願景外，並將組織願景廣為宣達，讓員工都能知悉。	領導者應將組織目標化為部門、個人目標，鼓勵員工採取行動，共同達成組織目標。	領導者鼓勵員工創新改革，持續改善做事方法，共同朝向組織願景努力。	領導者應承諾部門或員工適配的資源，以配合組織願景與目標的達成。	領導者應鼓勵發揮團隊精神及跨部門間合作，以產生組織綜效。
挑戰 舊習	領導者必須不斷尋找新的機會，以創新促進組織的變革。	領導者必須與員工共同設定組織、部門或個人具有挑戰性目標，帶動組織向前進。	領導者必須不斷鼓勵員工挑戰原來做事的方法，改善工作流程。	領導者能充分掌握資源，作充分彈性的調度，並引進外部資源協助業務的發展。	領導者應建構組織分層負責體制，授權部門或團隊直接處理緊急事務。
鼓舞 士氣	領導者能夠建構讓員工信服的政策，讓員工體認工作的意義及未來的希望。	領導者能夠提出激勵人心的組織目標，讓員工樂意奉獻個人能力與智慧。	領導者對於部門或員工提出具價值的創新改善措施，應予適時的鼓勵或表揚。	領導者應主動為部門或員工解決業務困難的問題，共同分享員工的榮耀。	領導者經常向有功員工致上感謝，並對員工發自真心的關懷。

資料來源：本研究整理

2、行政專業特質與各變項間的關係

行政專業特質與行政首長領導行為的關係，已於上述 1、中分析；由表 6-14 中顯示，行政專業特質與值得信任間具有高度的相關，二者的各因素間在 $p < 0.001$ 情況下具有統計上顯著性的相關。

就行政專業特質與應變數之組織績效管理而言，二者間具有高度的相關。從表 6-14 中觀之，行政專業特質的制度規範及專業規範二因素，與組織績效管理的政策價值、設定目標、作業流程、支援活動及組織行為活動等五因素，在 $p < 0.001$ 情況下具有統計上顯著性的相關。

3、值得信任與各變數間的關係

值得信任與領導行為及行政專業特質的關係，已於上述 1、2、中分析；從表 6-14 中顯示，行政首長值得信任的正直、才能及一致等三因素，與應變項之組織績效管理的政策價值、設定目標、作業流程、支援活動及組織行為活動等五因素間，在 $p < 0.001$ 下具有統計上顯著性的相關，即行政首長值得信任的程度與組織績效管理具有高度的相關。

4、組織績效管理相關因素間關係

組織績效管理與各變數間關係，已於上述分析。而本文組織績效管理的因素係參採 Verweire and Berghe（2003）提出的整合性績效管理的構念，為一連結性的價值鏈觀點。由表 6-14 中顯示，本文所採用之組織績效管理的政策價值、目標設定、作業流程、支援

活動及組織績效管理等五因素，在 p＜0.001 情況下各因素彼此間
具有統計上顯著性的相關，頗符合 Verweire and Berghe（2003）提
出的整合性績效管理的主張，即本文所調查的組織績效管理五項因
素為一系列高度相關績效管理措施。

（二）迴歸分析

　　本文根據研究目的提出四項假設，包括：1、行政首長領導行
為對組織管理績效的影響；2、在高行政專業特質情境下，行政首
長領導行為對組織管理績效的影響；3、在行政首長高值得信任情
況下，其領導行為對組織管理績效的影響；4、在高行政專業特質
及首長值得信任情況下，行政首長領導行為對組織管理績效的影
響。為檢定上述假設，經由實證調查迴歸分析彙整如表 6-16，茲
說明如下：

1、行政首長領導行為對組織管理績效的影響

　　本文根據文獻探討分析，提出假設 H1：行政首長採取的領導
行為，對組織管理績效具有影響力，以及領導行為的三項構念均對
組織管理績效具有影響力，由表 6-16 模式一，分別就領導行為之
共築願景、挑戰舊習及鼓舞士氣等三項構念，個別對組織管理績效
進行簡單迴歸分析，其結果顯示在 p＜0.001 下三者均具有統計上
顯著性，即本文假設 H1a、H1b 及 H1c 成立，也就是行政首長採取
共築願景、挑戰舊習及鼓舞士氣等三項個別領導行為，均對組織管
理績效具有影響力，亦即本文假設 H1 成立。其次，由模式一的 β

值觀之，挑戰舊習（0.27）＞鼓舞士氣（0.25）＞共築願景（0.24），其可解釋變異量比為 0.49。

2、行政專業特質對組織管理績效的影響

行政機關具有與企業或非營利機構不同的專業特質，經由文獻分析本文採用制度規範及專業規範作為研究的因素。由表 6-16 模式二，分別就二項行政專業特質因素對組織管理績效進行簡單迴歸分析，其結果顯示，在 $p < 0.001$ 下二者均對組織管理績效具有顯著的影響力。同時，由模式二 β 值顯示制度規範（0.51）大於專業規範（0.31），其可解釋變異量比為 0.58。

3、值得信任對組織管理績效的影響

根據文獻社會資本理論主張，信任是組織競爭優勢的來源及生存的必要要素（Barney and Hansen，1994），尤其員工對首長的信任關係，更是員工願意付諸行動的動機，本文採用首長的正直、才能及一致等三項因素作為檢測員工認知對首長值得信任的程度。由表 6-16 模式二，分別就三項值得信任因素對組織管理績效進行簡單迴歸分析，其結果顯示，在 $p < 0.001$ 下三者均對組織管理績效具有顯著的影響力，其 β 值顯示一致（0.28）＞正直（0.27）＞才能（0.25），而其可解釋變異量比為 0.53。

表 6-16　迴歸分析彙整表

變數名稱	模式一 β值	模式一 T值	模式二 β值	模式二 T值	模式三 β值	模式三 T值	模式四 β值	模式四 T值	模式五 β值	模式五 T值	模式六 β值	模式六 T值	模式七 β值	模式七 T值	模式八 β值	模式八 T值	模式九 β值	模式九 T值
自變項—領導行為							0.38	11.99***			0.33	7.11***			0.24	5.86***		
共榮願景	0.24	4.23***							0.09	0.19			0.02	0.38			-0.08	-1.53
挑戰躍習	0.27	5.24***							0.22	5.31***			0.25	5.09***			0.22	5.20***
鼓舞士氣	0.25	4.73***							0.17	3.97***			0.07	1.40			0.10	2.17*
調節變項1—行政專業特質							0.52	16.77***	0.54	17.16***					0.48	13.85***	0.49	14.25***
制度規範			0.51	12.45***														
專業規範			0.31	7.65***														
調節變項2—值得信任											0.47	9.90***	0.49	10.10***	0.18	3.87***	0.19	4.20***
正直					0.27	5.43***												
才能					0.25	4.90***												
一致					0.28	6.27***												
交互作用項																		
行政專業特質 * 領導行為							0.02	0.73							0.12	3.18**		
行政專業特質 * 共榮願景									0.03	0.50							0.12	1.73

應變數－組織管理績效

變數	模型1 (β / t)	模型2 (β / t)	模型3 (β / t)	模型4 (β / t)	模型5 (β / t)	模型6 (β / t)	模型7 (β / t)	模型8 (β / t)	模型9 (β / t)
行政專業特質 * 挑戰覆習					0.11 / 2.44*				0.09 / 1.37
行政專業特質 * 鼓舞士氣					-0.12 / -2.40*				-0.08 / -1.31
值得信任 * 領導行為						0.03 / 1.15		-0.12 / -3.13**	
值得信任 * 共同願景							-0.02 / -0.21		-0.13 / -1.55
值得信任 * 挑戰覆習							0.11 / 2.06*		0.02 / 0.34
值得信任 * 鼓舞士氣							-0.06 / -0.87		-0.01 / -0.18
R2	0.49	0.58	0.53	0.67	0.67	0.57	0.58	0.68	0.70
RA2	0.49	0.58	0.53	0.66	0.67	0.57	0.57	0.68	0.69
F值	175.39***	377.11***	202.84***	360.18***	160.11***	239.40***	105.33***	233.36***	111.13***

註：「*」：$p < 0.05$；「**」：$p < 0.01$；「***」：$p < 0.001$；「RA2」：Adjusted R2；「β值」：標準化β值

4、在行政專業特質情境下，領導行為對組織管理績效的影響。

本文為檢測在行政特有的專業制度與文化下，行政首長採取的領導行為，對組織管理績效是否產生影響，經由建構迴歸模式如表 6-16 模式四及模式五。模式四將自變數的領導行為與調節變數的行政專業特質同時放入，對組織管理績效進行迴歸分析，其結果顯示在 p＜0.001 下具有統計上顯著性，即在行政專業特質下，行政首長採取的領導行為，對組織管理績效具有影響力，則本文假設 H2 成立；模式四中顯示領導行為與行政專業特質不具有交互作用，其可解釋變異量比為 0.67。

模式五在行政專業特質情境下，放入領導行為三個因素，其結果顯示在 p＜0.001 下領導行為的挑戰舊習及鼓舞士氣二項領導行為，對組織管理績效具有影響力，則本文假設 H2b 及 H2c 成立；然而，領導行為之共築願景對組織管理績效不具有統計上顯著性，即在專業特質情境下，行政首長採取共築願景，對組織管理績效不具有顯著性的影響力，則本文假設 H2a 不成立。由模式五中顯示，其 β 值挑戰舊習（0.22）＞鼓舞士氣（0.17），而行政專業特質與挑戰舊習及鼓舞士氣間，在 p＜0.05 下具有交互作用，其可解釋變異量比為 0.67。

5、在行政首長值得信任情境下，領導行為對組織管理績效的影響

本文為檢測在行政首長值得信任情況下，行政首長採取的領導行為，對組織管理績效是否產生影響，經由建構迴歸模式如表 6-16 模式六及模式七。模式六在行政首長值得信任情況下，放入領導行

為整體性自變數，其結果顯示在 p＜0.001 下具有統計上顯著性，即在行政首長值得信任情境下，行政首長所採取的領導行為，對組織管理績效具有影響力，則本文假設 H3 成立；模式六中顯示領導行為與值得信任不具有交互作用，而其可解釋變異量比為 0.57。

　　模式七在行政首長值得信任情況下，放入領導行為三因素，其結果顯示在 p＜0.001 下，挑戰舊習具有統計上顯著性，即在行政首長值得信任情況下，行政首長採取挑戰舊習，對組織管理績效具有影響力，則本文假設 H3b 成立；然而，領導行為的共築願景與鼓舞士氣均不具統計上顯著性，即在行政首長值得信任情境下，行政首長採取共築願景與鼓舞士氣的領導行為，對組織管理績效不具有顯著的影響力，則本文假設 H3a 及 H3c 不成立。由模式七中顯示，值得信任與挑戰舊習在 p＜0.05 下具有交互作用，其可解釋變異量比為 0.58。

　　6、在行政專業特質與值得信任二者的情境下，領導行為對組織管理績效的影響

　　本文為檢測在行政專業特質與值得信任二者的情況下，行政首長採取的領導行為，對組織管理績效是否產生影響，經由建構迴歸模式如表 6-16 模式八及模式九。模式八在行政專業特質及行政首長值得信任的情況下，放入領導行為整體性自變數，其結果顯示在 p＜0.001 下具有統計上顯著性，即在行政專業特質及行政首長值得信任下，行政首長所採取的領導行為，對組織管理績效具有影響力，則本文假設 H4 成立；模式八中顯示，領導行為與行政專業特質及值得信任均具有交互作用，而領導行為與行政專業特質呈正向

相關，其 β 值為 0.12，領導行為與值得信任呈負向相關，其 β 值為 -0.12，模式八可解釋變異量比為 0.68。

　　模式九在行政專業特質與值得信任二者情境下，放入領導行為三因素，其結果顯示，在 p＜0.001 下挑戰舊習具有統計上顯著性，在 p＜0.05 下鼓舞士氣具有統計上顯著性，即在行政專業特質及值得信任情境下，行政首長採取挑戰舊習及鼓舞士氣的領導行為，對組織管理績效具有影響力，則本文假設 H4b 及 H4c 成立；然而，領導行為的共築願景不具有統計上顯著性，即在行政專業特質及行政首長值得信任情境下，行政首長採取共築願景的領導行為，對組織管理績效不具有顯著的影響力，則本文假設 H4a 不成立。模式九中領導行為的三因素與行政專業特質及值得信任均不具交互作用，其可解釋變異量比為 0.70。

三、研究結果與討論

　　從前述統計資料及實證結果之分析可以發現，受訪者對本文所調查之領導行為、行政專業特質、值得信任及組織績效管理之各變數構面，均偏向肯定的看法；其次，本文提出的四項假設，亦大部分獲得支持，以下就這些結果進行討論。

（一）領導行為相關結果與討論

　　首先，研究結果顯示，受訪者認為行政首長採取三項領導行為均持肯定的看法，其中最重視的領導方式為共築願景，其次為鼓舞

士氣及挑戰舊習。這項結果與 Kouzes and Posner（2003）的實證調查結果順序，分別為挑戰舊習、共築願景及鼓舞士氣，有一些差別；這可能是行政機關與企業組織性質的差異，根據 Cameron and Quinn（1999）的競值理論觀點認為，行政機關屬於一科層型文化的組織，一個非常正式結構化的工作場所，正式的組織規章與政策維繫整體組織，組織長期的考量乃是穩定性，以及組織順暢的運作；而企業注重的是市場競爭力及獲利能力，故行政機關在創新改革方面重視的程度不如企業那麼強烈。

　　由本章第一節分析顯示，領導行為不因受訪者的背景而有所差異；然從領導行為會因行政首長背景（p＜0.001）而有顯著的差異；經進一步分析結果顯示，在 p＜0.001 下，學者專家背景的行政首長領導行為平均值分別優於行政體系及民代社運背景的行政首長，而行政體系與民代社運背景的行政首長沒有顯著差異，這項結果是否因學者專家具備與該行政機關相關的專業知識，長期在行政體系發展的行政首長行事過於僵化，或民代社運背景的行政首長有較多的政治包袱，頗值得未來持續的探討。

　　其次，就不同類型機關的行政首長，其領導行為進行統計檢定如表 6-4。由表 6-4 分析結果顯示，專業機關與管理機關其行政首長的領導行為不具有顯著的差異，這項結果顯示本文所調查的領導行為構念，適用於不同類型的行政院所屬各機關。

　　由本章相關分析及迴歸分析假設檢定中顯示，領導行為及其三個構念與組織績效管理具有顯著的相關性（p＜0.001），並對組織管理績效均具有顯著的影響力（p＜0.001）；其次，在行政專業特質情境、或員工認為行政首長值得信任情境、或二者均存在的情境下，行政首長採取的領導行為對組織管理績效均具有顯著的影響力

（p＜0.001）。然而，經由進一步分析顯示，在行政專業特質情況下，行政首長採取的領導行為中，共築願景不具有影響力，挑戰舊習及鼓舞士氣具有影響力；在行政首長值得信任情況下，僅有挑戰舊習具有影響力，而共築願景與鼓舞士氣均不具有影響力；在行政專業特質及行政首長值得信任二者情況下，共築願景仍不具影響力，挑戰舊習與鼓舞士氣具有影響力，惟鼓舞士氣的影響力減弱。整體而言，行政首長採取的領導行為，對組織管理績效具有影響力；但是就領導行為三個因素而言，挑戰舊習的影響力最強，其次為鼓舞士氣，而共築願景則不具有影響力。此項結果可從理論與實務面來說明，就理論而言，單項因素在簡單迴歸時常被高估現象，在複迴歸時其影響力會受其他因素影響而降低；在實務上而言，行政機關的任務與職掌均有組織法明定，故在行政專業特質下，共築願景的領導行為不具有顯著的影響力；其次，如果員工對行政首長具有高度信任，對於首長的服從感順服程度自然提昇，員工也較願意全心奉獻，對於是否參與政策研擬或得到獎勵等措施，亦因對首長的信任而重視程度降低。

　　從本章前節觀之，領導行為及其三個構念，與行政專業特質或值得信任之各別變數間不具有交互作用，即行政首長採取任何領導行為不受行政專業特質或首長是否值得信任的影響；但是，如果行政機關專業特質與首長是否值得信任二項情境同時存在時，領導行為與前述二者交互作用明顯提升；其中，領導行為與行政專業特質具有統計上正相關，即行政專業特質愈高，行政首長採取的領導行為，對組織管理績效影響力愈大，這項結果頗符合 Cameron and Quinn（1999）的競值理論的觀點，行政機關為一科層型組織，具有非常結構化及正式規章的特質，將有利於組織穩定性及正常的運

作，而行政首長在此組織特質的環境下，採行的任何領導方式將對組織管理產生正面影響；不過，領導行為與首長值得信任間呈統計上負相關，即行政首長值得信任程度愈高，行政首長採取的領導行為，對組織管理績效影響力愈低，這項結果可以用領導者行為理論加以解釋，領導者行為理論將領導方式分為工作績效的系統導向及員工關懷導向二種，主張二者為負相關，本文領導行為的三個構念中之共築願景、挑戰舊習偏向工作績效的系統導向，而值得信任之三個構念正直、才能及一致，偏向行政首長個人特質及員工關懷導向，故二者變數間呈負相關。

（二）行政專業特質相關結果與討論

　　由本章第一節調查統計結果顯示，受訪者對本文所調查的行政專業特質之制度規範及專業規範，均持肯定的看法，這項結果與本文文獻探討，所指 Weber 官僚體制及 Taylor 科學管理的傳統行政機關特色頗相吻合，亦符合 Cameron and Quinn（1999）的競值理論架構觀點，即科層型組織所具備的特色；而這項行政專業特質不會因行政機關的類型不同而有統計上顯著的差異，即本文所調查的行政專業特質普遍存在於一般行政院所屬各機關中。另經 t 檢定顯示，行政專業特質高低對領導行為及組織績效管理具有調節效果，且高行政專業特質影響效果優於低行政專業特質。

　　由本章第二節迴歸分析結果顯示，制度規範及專業規範對組織管理績效具有正面的影響，其中又以制度規範的影響力最大，這項結果符合競值理論主張，認為官僚型組織有助於組織長期的穩定性及順暢的運作；其次，在行政專業特質情境下，領導行為對組織管

理績效具有正面的影響，即行政專業特質愈高，行政首長的領導行為，對組織績效管理影響力愈強。此結果顯示，行政機關的制度化及員工的專業化，有助於行政首長領導力的提升；在理論上，競值理論亦認為官僚型的組織有助於組織效率的提升。但是，傳統上一般社會的觀感，都認為行政機關為一過於僵化的官僚組織，而且外界普遍觀感認為行政機關績效不佳，係因文官體系公務員過於保守，無法與行政首長理念或價值配合，產生與社會脈動長期脫節的現象，這項長期的迷思（myth），在組織管理中到底為領導行為、制度結構或是其他管理層面的問題，頗值為後續探討的課題。

（三）值得信任相關結果與討論

從本章調查結果顯示，本文所調查的行政首長值得信任之正直、才能及一致等三個構念，受訪者均偏向持肯定的認知，且經檢定結果高值得信任對領導行為及組織管理績效影響效果優於低值得信任，此結果亦不會因受訪者不同而有統計上顯著的差異。但是，就不同背景行政首長值得信任程度而言，學者專家及行政體系行政首長值得信任程度平均值，在統計上優於民代社運型行政首長，這項結果是否因民代社運型行政首長其價值思考或領導方式滲入較多的政治因素，頗為值得探討的議題。

從本章迴歸分析結果顯示，在行政專業特質與值得信任二者同時存在的情境下，行政首長值得信任程度與其領導行為呈負向關係，即行政首長值得信任程度愈高，其所採取的領導行為愈強，而對組織管理績效影響力愈小，此結果頗符合領導者行為理論，即關懷領導與系統領導呈負向關係。而且，這項結果頗符合實務應用上

慣性，如果行政首長與部屬建立互信關係，部屬會願意為首長付出心力，部屬也願意採取積極的行動，為團隊績效盡力，行政首長的領導行為其重要性就相對的降低；亦符合社會資本理論的主張，信任是行政首長理念付諸行動及競爭優勢主要來源。

（四）組織績效管理相關結果與討論

由本章調查結果顯示，本文所調查的行政機關績效管理活動之政策價值、設定目標、作業流程、支援活動及組織行為活動等五個構念，受訪者均偏向持肯定的看法，這項結果確立了本文所分析的行政機關績效管理制度，已普遍受到各機關所採用，也可看出我國中央行政機關已與先進國家同步採行策略績效管理制度。其次，就受訪者對不同機關之領導行為、行政專業特質、值得信任及組織績效認知平均數而言，領導行為、行政專業主義或值得信任平均值愈高，其組織管理績效平均值愈佳，這項結果在本章迴歸分析中亦得到驗證；如果從實務來看，此結果與行政機關績效評估結果頗為相近。

就不同類型機關組織管理績效而言，專業機關與管理機關的組織管理績效，在 $p < 0.05$ 下具有統計上顯著的差異，而管理機關平均值 3.63 大於專業機關平均值 3.52，即管理機關的受訪者對其組織管理績效的看法較佳，這項結果可能是二者機關規模、業務性質及目標達成的難易等所產生的差異，亦可從本文行政院所屬各機關施政績效評估的結果看出類似的情形。

再就不同背景對組織管理績效分析結果顯示，在 $p < 0.001$ 下不同背景行政首長的組織管理績效具有統計上顯著性差異，如經由

Scheffe's test 結果顯示，在 p＜0.001 下學者專家型及行政體系型行政首長，其組織管理績效平均值優於民代社運型行政首長，此結果可能為學者專家型行政首長具備專業知識，行政體系型行政首長較熟稔行政體系的運作，較受員工的信任與肯定。

　　綜合本文組織績效管理研究結果顯示，組織績效管理的好壞，除靠組織的執行力外，更靠執行力的源頭，也就是政策（策略）的本身，如果政策（策略）有偏差，執行起來就可能發生問題。誠如管理大師 Peter Druck 所說的，首先必須講究 do the right thing，make the right policy，要有正確的政策，其次再講 do the thing right，也就是執行力；因此，提出來的政策價值是更重要的。本文引用 Verweire and Berghe（2003）整合性策略績效管理因素，再依政府機關性質增加政策價值（policy value），形成行政機關組織績效管理之價值鏈如圖 6-1，包括政策價值、目標設定、作業流程、支援活動及組織活動行為等五個構面。

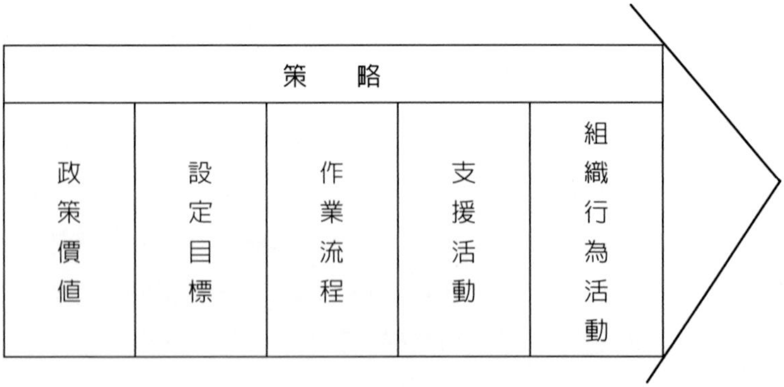

圖 6-1　行政機關組織績效之價值鏈結構圖

資料來源：參考圖 4-4 繪製

從圖 6-1 行政機關組織績效之價值鏈架構中顯示，該價值鏈架構綜合了 BSC、HSC 和 IPM 三者屬性特色，茲說明如下：

1、聚焦策略：策略績效管理（SPM）的核心，為其聚焦在策略上，必須確信所使用的策略能夠被執行，且是有價值的；BSC 強調組織願景與策略結合，運用策略連結組織活動的驅動因素；HSC 主張組織活動的驅動因素更為多元，除延用 SPM 的財務、顧客、員工及內部流程四個構面驅動因素外，並增加了智慧資本、人力資本及社會等構面的驅動因素；另 HSC 除將策略與驅動因素連結外，並將策略展開與組織重要成功因素、關鍵績效指標及行動計畫相連結，促使策略擴展至組織活動各個層次；IPM 為一策略連結組織活動的整合性方法，提供了一個系統連結策略、資源和流程。而本文行政機關組織績效架構摘取了三者之聚焦策略及策略連結觀點。

2、價值活動：策略績效管理的理論主張，組織績效係由一系列有效的管理活動產生的結果，包括策略規劃、目標設定、作業流程管理、支援系統建構、激勵與獎酬制度、鼓勵創新與組織學習、建立績效標竿、績效評估及風險管理等，以創造組織長期及整體的價值與成效。BSC 強調組織財物與非財務、內部與外部、領先與落後及短期與長期的績效；HSC 將 BSC 主張擴大增加了智慧、人才及社會價值；IPM 採用企業經營價值鏈活動的概念，結合組織活動中策略、資源與流程，形成一個動態成熟的價值鏈。而本文行政機關組織績效架構之建構，期結合 IPM 價值活動的手段與 BSC 及 HSC 創造組織整體成效的目的。

3、流程管理：組織績效管理包括策略規劃、目標設定、執行
作業及績效評量等流程。BSC 提出內部流程的創新及組
織學習與成長；HSC 提出經營流程、風險管理流程及知
識管理流程；IPM 提出系列整合性績效管理流程，並提出
成熟連結流程管理概念，將組織績效管理推向高發展階
段。本文結合三者流程價值鏈觀點，形成行政機關組織績
效價值鏈。

4、系統整合：組織績效的內涵包括了如何（how）提升組織
績效及達成什麼（what）組織績效；依據系統理論的觀點，
組織績效建構的概念分為二大層次，一為組織本身的活
動：即投入與產出的過程；另一為組織標的影響：即對接
受服務者所產生的影響與效果。本文採用價值鏈活動的觀
點，即在整合 BSC、HSC 及 IPM 等策略績效管理主張的
屬性。

5、動態績效：每一組織的存在是在服務某特定顧客，隨著時
間的變動，顧客需求的變化及組織經營規模的改變，組織
必須持續不斷的改變產品或產品品質，即意涵著組織績效
具有動態改變的本質。BSC 及 HSC 均主張多構面績效；
IPM 主張組織的活動會隨著組織的成熟度而採取不同的
措施。而本文行政機關組織績效模式的建構，亦摘取三者
多構面績效及動態流程績效的概念。

（五）行政首長採取挑戰舊習的領導行為，對組織績效影響力最大

　　從本文迴歸分析中顯示，行政首長採取挑戰舊習的領導行為，無論在行政專業特質、值得信任或二者同時存在的情境下，對組織績效均具有顯著的影響力，而共築願景均不具有影響力，鼓舞士氣在員工對首長信任的情境下不具有顯著影響力；但是，從受訪者認為現任行政首長領導行為的平均數來看，現任首長採取的領導行為順序分別為共築願景、鼓舞士氣及挑戰舊習，顯示現任行政首長對挑戰舊習領導行為的重視程度略低。探究其原因，在理論上而言，官僚體制的組織係為長期孕育出的組織結構、制度與文化，行政法規、組織體制及專業分工限制了改革創新的速度與彈性；在實務上而言，行政機關處於錯綜複雜的政治與社會環境，受到行政體系的指揮及民意機關的監督干擾，動輒得咎，另改革創新必須涉及法規修訂、預算編列及文官行政作業的配合，從行政首長任期不定的觀點來看，如要推動長期制度面的改革風險過大，如係推動作業面的改革又顯不夠氣魄，此一現象也彰顯出行政首長政務領導的困境。然而，從管理的相關理論或各國行政改革經驗而言，改革創新或挑戰舊習都是提昇組織競爭力的核心議題，如何孕育我國行政機關創新改革的大環境，以及如何培育或珍惜卓越具氣魄的行政領導人才，實為治理國家的政治人物應迫切重視的問題。

（六）行政專業特質與領導行為具有正向關係

　　從本文受訪者對行政專業特質的平均值看法而言，行政機關存在其專業特質，且不因專業機關及管理機關而有差異；其次，從相關分析中顯示，行政專業特質與領導行為間具有高度相關；再從迴歸分析中顯示，在行政專業特質情境下，或與值得信任同時存在的情況下，領導行為對組織績效均具有顯著影響力，且行政專業特質與領導行為具有正向交互作用關係，即行政專業特質愈強，領導行為的影響力愈大，惟在領導行為個別因素的複迴歸情況下，行政專業特質與鼓舞士氣的領導行為呈負向關係。探究其原因，在理論上而言，根據機制理論的主張，行政機關處於制度的環境中，有助於領導者命令與意志的實現，但制度也限制了行政首長激勵措施的權限；在實務上而言，行政機關處理每一件事都有法規與體制的規範，分工精細，層級節制明確，有利行政首長的指揮及命令的貫徹；但是，由於受於法規及預算的限制，行政首長想要對表現優異的員工採取即時或彈性的激勵，則實質上有很大的受限。

（七）值得信任與領導行為具交互影響關係

　　從本文受訪者對行政首長值得信任的平均值看法而言，行政首長無論在正直、才能及一致性方面的表現，均為值得信任；其次，從值得信任與領導行為的相關分析顯示，二者間具有高度的相關；再從迴歸分析中顯示，在行政首長值得信任情況下，或與行政特質同時存在的情況下，領導行為對組織績效均具有顯著的影響力；但是，值得信任與領導行為具有負向的交互作用關係，即行政首長值

得信任程度愈強，其領導行為的影響力會減弱，即二者間具有移動關係；惟在領導行為個別因素複迴歸情況下，行政首長值得信任與挑戰舊習的領導行為呈正向關係。探究此項結果的原因，在理論上而言，根據社會資本理論主張，組織中信任氣氛愈強，員工的凝聚力亦愈強，員工自然願意配合組織的政策；根據領導行為理論主張，領導者行為分為工作導向及關係導向，二者間呈負向關係，在不同情境下，領導者採取不同的領導方式，同樣可以達成組織績效，而員工對行政首長值得信任高的情境下，行政首長偏向關係導向的領導行為，相對工作導向的領導行為偏弱；在實務上而言，如果員工對行政首長的信任程度愈高，一般業務的執行，在行政機關已有法規的依據及分層負責的作業下，員工自然願意自動自發的推動業務，但在重大政策的改變或作業流程的創新改革，意涵著領導者理念與價值的實現，以及政策風險承擔的問題，必須在領導者理念的傳達及責任的承擔，或員工對行政首長高信任的情況下，較易達到創新改革的效果。

（八）專業機關與管理機關的績效管理具有差異

從本文機關類型與變數統計 t 檢定顯示，專業機關與管理機關間之組織績效管理具有顯著的差異，尤其在組織績效管理之設定目標及組織行為活動二項具有顯著的差異，且均為管理機關優於專業機關。從組織理論的觀點而言，專業機關的組織結構多以業務性質或區域性質分工，例如內政部主管警政、社政、戶政、營建及地方行政等業務，各項業務間相關性低，然複雜度高，內政部要設定組織整體的目標困難度頗高，又因各不同所屬機關或單位間業務性質

差異大，各所屬機關單位間行為活動亦具有頗大的差異；而管理機關的組織結構多以管理功能分工，例如研考會主管研究發展、計畫審議與管制及資訊業務的發展，業務複雜度相對較低，且大多業務可透過法規或行政措施的訂定進行管理，組織目標雖不宜明確，但困難度較為不高，而組織行為活動亦易有統一的標準。從現行的行政院所屬各機關的績效評估結果（2004～2006 年）顯示，管理機關的績效管理也明顯優於專業機關，由於專業機關與管理機關其組織結構、業務性質及複雜度差異頗大，其組織績效管理勢必具有差異，這項結果頗值得未來中央機關規劃組織績效評估制度的參考，專業機關與管理機關的目標訂定及評估的基準等應否分別制定，或選擇較適當的評估方法，頗值得深入分析思考。

（九）學者專家型行政首長在領導行為表現最優，學者專家型及行政體系型行政首長值得信任及組織績效管理表現最佳

從本文行政首長背景與各變項統計檢定顯示，行政體系、民代社運及學者專家三類型的行政首長，在領導行為、值得信任及組織績效管理方面均具有顯著的差異，再經由運用 Scheffe's test 事後結果比較顯示，在領導行為方面，學者專家型分別優於行政體系及民代社運型，而個別領導方式而言，學者專家型在共築願景及挑戰舊習二者優於民代社運型，在鼓舞士氣優於行政體系及民代社運型；整體而言，學者專家型的領導行為表現最佳。在值得信任方面，學者專家型及行政體系型分別優於民代社運型；而值得信任個別構面而言，正直部分學者專家型優於行政體系型，而行政體系型又優於

民代社運型；才能部分，行政體系型優於民代社運型，而學者專家型與二者均不具顯著差異；在一致性部分，三者不具有顯著差異；整體而言，學者專家型在值得信任方面表現最佳，而行政體系型在才能構面部分表現最佳。在組織績效管理方面，學者專家型及行政體系型優於民代社運型，而組織績效管理個別構面部分，在政策價值、設定目標及組織行為活動三者，均為學者專家型優於行政體系型，行政體系型又優於民代社運型；在作業流程部分，學者專家型優於民代社運型，而支援活動部份，三者並不具顯著差異；整體而言，學者專家型及行政體系型在組織績效管理方面表現均佳，而在個別構面部分，學者專家型行政首長在政策價值、設定目標及組織行為活動部份表現最佳。綜合上述探究其原因，學者專家型行政首長，多為在相關行政領域具有豐富的研究而被延攬的人才，政治或行政的包袱較少，且不憂離職的退路，比較能發揮長才或受員工的信任；行政體系型的行政首長，長期在行政機關服務，對行政業務較為熟稔，且能瞭解行政機關或民意機關間政治文化，較能適應行政機關的常態運作；而民代社運型的行政首長，多具選舉或社運背景，存有個人政治的理念或政策的理想，政治與民意的包袱較重，影響其領導行為及員工對其信任的程度。

第七章　研究發現與建議

　　本章分為三部分，第一部分為研究發現，說明本文研究發現及其涵意；第二部分說明本文研究貢獻；第三部分提出本文研究限制及後續研究的建議。

一、研究發現

　　本文研究目的包括：（一）分析行政首長領導行為及行政機關組織機效管理制度；（二）解析行政首長領導行為與組織績效管理制度間的相關性；（三）探討在行政專業特質的情境下，行政首長領導行為對組織績效的影響；四、探討在行政機關員工對行政首長不同信任的情況下，行政首長領導行為對組織績效的影響。根據研究目的及文獻探討建構研究架構及假設，設計調查問卷，針對行政院所屬 12 個二級機關，共發出 720 份問卷，回收有效問卷 548 份（有效問卷比率 76%）。茲就本文研究資料分析結果說明如下：

　　1、本文所調查之行政首長領導行為之共築願景、挑戰舊習及鼓舞士氣三種方式，受訪者普遍偏向肯定的看法，即現任行政首長已普遍採行此三種領導方式，而行政首長最重視的領導方式順序分別為共築願景、鼓舞士氣及挑戰舊習，且行政首長採取的領導行為不因專業機關或管理機關而有差異。

2、本文所調查之行政機關績效管理制度之政策價值、設定目標、作業流程、支援活動及組織行為活動等五項價值活動，受訪者均持偏向肯定的看法，即行政機關已採行績效管理制度的相關價值活動，而管理機關執行績效管理優於專業機關。

3、本文所調查的行政首長三項領導方式與行政機關五項績效管理價值活動具有統計上顯著相關性（$p < 0.001$），及行政首長採取每項領導方式都將與行政機關建構的績效管理制度各項活動相關。

4、行政首長採取的領導行為或其共築願景、挑戰舊習及鼓舞士氣等三種個別領導方式，對行政機關績效管理均具有統計上顯著的影響力（$p < 0.001$），即本文假設 H1、H1a、H1b 及 H1c 獲得支持。

5、在行政專業特質情境下，行政首長採取的領導行為或挑戰舊習及鼓舞士氣等二種個別領導方式，對行政機關績效管理均具有統計上顯著的影響力（$p < 0.001$），且高行政專業特質優於低行政專業特質；但是，行政首長採取共築願景的領導行為，對行政機關績效管理不具有統計上顯著的影響力，即本文假設 H2、H2b 及 H2c 獲得支持，而 H2a 未獲支持。

6、在行政首長值得信任情境下，行政首長採取的領導行為或挑戰舊習個別領導方式，對行政機關績效管理均具有統計上顯著的影響力（$p < 0.001$），且高值得信任優於低值得信任；但是，行政首長採取共築願景及鼓舞士氣的領導行

為，對行政機關績效管理不具有統計上顯著的影響力，即本文假設 H3 及 H3b 獲得支持，而 H3a 及 H3c 未獲支持。

7、在行政專業特質及行政首長值得信任二者同時存在的情境下，行政首長採取的領導行為或挑戰舊習及鼓舞士氣等二種個別領導方式，對行政機關績效管理均具有統計上顯著的影響力（p＜0.001），且在高行政專業特質高值得信任情境下影響效果最佳；但是，行政首長採取共築願景的領導行為不具統計上顯著的影響力，即本文假設 H4、H4b 及 H4c 獲得支持，而 H4a 未獲支持。其次，在此二者同時存在的情境下，行政首長採取的領導行為及其共築願景、挑戰舊習及鼓舞士氣等三種領導方式，分別與行政專業特質及值得信任二者調節變數之交互作用關係明顯提升；而領導行為與行政專業特質間具有統計上正相關，即行政專業特質愈高、行政首長採取愈強的領導行為，對組織管理績效影響力愈大；然而，行政首長領導行為與值得信任程度在統計上具有負向交互作用，即行政首長值得信任愈高，行政首長採取的領導行為對組織管理績效影響力趨於降低。

綜合上述研究結果，就本文研究發現及其涵意說明如下：

（一）行政首長領導行為，對績效管理具有影響力

本文參採 Kouzes and Posner（2003）提出的五項領導實務要領，經由行政機關先試調查因素分析結果，選定共築願景、挑戰舊

習及鼓舞士氣三種領導方式，進行本文研究調查分析。經調查結果，整體而言，行政首長領導行為對績效管理具有影響力，但是在現行行政機關專業特質及員工與首長信任情況下，行政首長採取挑戰舊習的領導行為影力最強，其次為鼓舞士氣，而共築願景則不具影響力，亦不因行政機關類型不同在專業機關與管理機關中而有所差異。

（二）領導行為與績效管理可連結運用

從歐洲品質管理基金會（EFQM；2003）提出的卓越模式中認為，領導行為與組織績效管理活動是達到組織績效的二項關鍵過程；由本文前章領導行為與組織績效相關性分析結果顯示，二者間呈高度相關性；再就現行行政機關績效管理制度相關措施彙整分析如表7-1。由表7-1中顯示，領導行為與組織績效管理間具有密切關係，亦可運用在行政機關策略績效管理制度上。

表 7-1　領導行為與績效管理之連結運用彙整表

領導行為	績效管理	領導行為與績效管理結合	實務做法
共築願景	政策價值	策略規劃	組織策略計畫 年度施政計畫 專案策略計畫
	目標設定		
挑戰舊習	作業流程	流程創新	作業流程簡化 作業資訊化 內部稽核制度
	支援活動		
鼓舞士氣	組織行為活動	激勵措施	建立團隊合作 績效獎勵措施

（三）行政首長應更重視創新改革的領導行為

　　根據 Kouzes and Posner（2003）的二十餘年實證調查結果，企業的領導者最優先常用的領導方式為挑戰舊習，而本文調查三項領導方式發現，行政首長採取的領導方式優先順序分別為共築願景、鼓勵士氣，其次才是挑戰舊習，由此顯示企業與行政機關的領導方式有很大的差別。探究其主要原因，由於企業必須面對市場快速的變遷、產業激烈的競爭及僱客需求的改變，需藉由不斷創新才能創造價值及提升競爭力；行政機關雖同樣面臨環境的變化，惟受制於法規及預算的限制，容易產生創新改革不足的現象。但是，從本文迴歸分析中顯示，行政首長採取挑戰舊習的領導行為，對組織管理績效最具影響力，也是最有效的領導方式。

（四）行政首長背景不同，其領導行為而有差異

　　本文將行政首長背景區分為行政體系型、民代社運型及學者專家型三種，經由單因子迴歸分析結果具有統計上顯著的差異；再經由平均數統計分析結果顯示，行政體系型及民意社運型行政首長，其領導方式優先順序為共築願景、挑戰舊習及鼓舞士氣；而學者專家型行政首長，其領導方式優先順序分別為鼓舞士氣、共築願景及挑戰舊習，這項結果意涵行政體系型及民意社運型行政首長其領導行為偏向系統（工作）導向，學者專家型行政首長偏向關懷導向。

（五）領導行為與行政專業特質對行政機關績效呈正向影響關係

　　根據本文迴歸分析結果顯示，行政專業特質之制度規範及專業規範對組織管理績效具有正面的影響力；其次，由假設檢定結果顯示，在行政專業特質情境下，領導行為對組織績效管理亦具有正面的影響力，即行政專業特質愈高，行政首長的領導行為對組織管理績效影響力愈強。這項結果顯示，行政機關的制度化及員工的專業化，有助於行政首長領導力及組織管理績效的提升，與傳統上行政機關過於僵化，公務員過於保守，有礙於行政機關發展的社會觀感，有很大的落差。

（六）領導行為與值得信任對行政機關績效具相互影響關係

　　根據本文簡單迴歸分析結果顯示，行政首長值得信任之正直、才能及一致等三項特質，對組織管理績效具有正面的影響力；惟經複迴歸分析結果顯示，行政首長的領導行為與值得信任的程度，對行政機關績效影響力具有負向交互作用；即行政首長值得信任程度愈高，其所採取的領導行為愈強，反而對組織管理績效影響力降低，這項結果符合領導者行為理論，領導方式可分為關懷導向及系統工作導向，二者呈負相關。行政首長可依組織的文化及員工的特質彈性的運用，當行政機關互信文化較強時，行政首長可降低領導的行為；當行政機關互信文化較弱時，行政首長必須強化其領導行為。

（七）員工對行政首長的信任程度會因行政首長背景而有差異

　　本文就行政首長的背景行政體系型、民代社運型及學者專家型之不同類型行政首長值得信任程度進行單分子分析結果，具有統計上顯著的差異，如再經 Scheffe's test 結果發現，學者專家型及行政體系型行政首長值得信任平均數，在統計上明顯優於民代社運型行政首長，這是否意涵民代社運型行政首長對行政機關運作及其個人政治理念或性格過強，產生員工對其信任程度的降低，頗值得進一步探討的議題。

（八）專業機關與管理機關的績效管理具有差異

　　根據本文第四章行政機關績效管理制度分析，我國自 1949 年已建立行政機關績效評估制度，2002 年以後已逐步採行策略績效管理制度；其次，由本文所調查之策略績效管理活動，受訪者普遍持肯定的看法，足見我國行政機關已與先進國家同步實施策略管理制度。然就不同類型機關組織管理績效進行檢測發現，管理型機關與專業型機關的管理績效有顯著的差異，且前者優於後者，這項結果亦可從 2004～2006 年行政院所屬各機關施政績效評估結果中看出類似的情形；由於管理機關與專業機關其規模、業務性質及目標達成的難易本來就具有很大差異，未來是否應就二類型機關分別評估或比較，頗值實務作業上參考。

（九）組織績效管理會因行政首長背景而有差異

本文就不同背景對組織管理績效，進行變異數分析結果發現，不同背景行政首長其組織管理績效具有統計上差異，如經由 Scheffe's test 結果發現，學者專家型及行政專業型行政首長，其組織績效管理平均值較優於民代社運型行政首長，這項結果意涵著專家型行政首長較具備專業知識，而行政體系型行政首長較熟稔行政體系的運作，較受員工的肯定。

二、研究貢獻

本文研究在國內相關學術文獻中，乃屬首次針對行政院所屬各機關的首長領導行為與組織績效管理關係進行實證的研究，並將行政機關獨特的專業特質及員工對首長的信任等情境因素納入考量，不僅增加了文獻的內涵，對於提供行政機關首長的領導行為亦具有參考的價值。茲就本文在研究概念架構的提供、理論上及實務上的貢獻及參考價值分敘如下：

（一）研究概念架構的提供

本文研究概念架構參考 House（1977）的路徑－目標理論的主張，探討領導行為追求組織績效，並就領導過程中之環境及人為二項因素納入考量。在環境因素方面，行政機關與企業或非營利組織最大不同的地方，為其官僚組織的制度性規範等專業特質，另行政

機關形成的目的不同，其組織性質亦有很大的差異；在人為因素部份，民主時代之行政機關人員組成最重要二大部分為政務官及常任文官，二者互信關係為行政首長理念付諸行動及組織競爭優勢的主要來源，另將行政首長個人的背景作為控制因素。整體而言，本文研究概念架構可為未來相同研究的參考。

（二）研究理論上參考

本文參採 Kouzes and Posner（2003）提出的最常用領導實務要領，運用在行政機關首長的領導行為的研究，並考量行政專業特質及行政首長值得信任等調節變數，經本文研究結果，在行政機關特有環境下，行政首長採取共築願景、挑戰舊習及鼓舞士氣等三種領導方式與行政機關績效管理有高度的相關性；本文研究同時考慮行政專業特質之制度規範及專業規範，以及員工與首長的信任，對行政機關管理績效的影響，補充了行政機關績效管理相關理論的研究缺口。

（三）管理實務上參考

本文研究結果如行政首長領導行為的三種方式、行政機關績效管理活動的五項價值鏈，以及不同背景的行政首長領導行為及績效管理措施，均可提供行政機關相關管理實務上參考，茲分別說明如下：

1、行政首長領導行為

　　根據本文研究的結果，在行政機關體制下，行政首長的領導行為對組織績效管理確實產生影響的效果；在現任行政首長中大都已採取共築願景、挑戰舊習及鼓舞士氣等三項領導行為，惟調查結果顯示，現在行政首長領導行為重視的順序為共築願景、鼓舞士氣及挑戰舊習，這項結果與現任行政首長實際作法頗為相近。當行政首長剛上任時，對組織的發展都有自己的理念與抱負，都會提出個人的施政重點與期望；但是在領導過程中，常會發現行政機關受限於法規、預算及人力，以及龐大的行政機關長久的組織文化不易改變，再限於個人任期的不確定，對於組織改革創新就不那麼重視。然而，根據本文的調查，受訪者認為挑戰舊習在行政機關仍為對組織績效管理最重要的影響因素，亦為提出行政機關績效的關鍵因素。

　　Berman（2006）認為提昇行政機關生產力的策略包括員工的參與及激勵、降低服務成本及運用資訊技術等。近年來，政府已積極推動行政機關知識管理，就考選部為例，自 2004 年開始推動知識管理活動，由部長擔任知識長，成立六個知識管理創新小組，分別由副首長及單位主管擔任小組長，員工共同參與，結合考選部核心業務組織改造、試務改革、試題分析建檔、國際事務、e 化及行銷顧客服務等，進行改革創新及流程再造，以提昇行政效率及降低服務成本；其次，考選部除運用資訊技術改善內部行政業務流程外，亦推出國家考試線上報名及線上繳費服務，每年服務超過 50 萬人次的應考者，這些改變過去思維的創新作法，可為行政首長領導行為之參考。

2、行政機關績效管理價值鏈

根據本文所調查的行政機關績效管理活動之政策價值、設定目標、作業流程、支援活動及組織行為活動，受訪者普遍認為行政院所屬機關已予執行，亦可從本文第三章現行績效管理制度質性資料分析中觀之。根據策略績效管理相關理論主張，績效管理應聚焦在策略，組織相關管理為一系列的活動，必須與策略相連結，以發揮組織的綜效。

行政機關的組成有其法定的組織職掌，即組織的使命與任務，根據使命與任務，以及國家整體發展的趨勢，各機關均發展出組織的願景，以引導組織發展的方向；為落實願景的實現，必須採取有效的策略，以結合組織的資源與人力，發揮綜合的績效。而組織願景的實現與策略的實施，必須設定明確的目標，包括行政機關整體的目標、部門的目標及個別政策的目標；其次，為了提昇行政效率及支援政策的推動，行政機關應積極推動內部知識管理及流程改善，善用資訊科技及內部稽核制等管理工具，支持政策目標的達成；再者，為凝聚員工的向心力及績效的回饋，亦應對於員工採行即時的獎勵及公平的激勵制度。總之，行政機關績效管理活動的政策價值、目標設定、作業流程、支援活動及組織行為活動，為一與組織策略連結的價值鏈，必須每一流程落實執行，相互配合與協調，才能發揮行政機關最大的績效。

3、行政機關績效管理制度

由本文研究結果顯示，行政首長的共築願景、挑戰舊習及鼓舞士氣等三項領導行為，與行政機關的政策價值、目標設定、作業流

程、支援活動及組織行為活動五項績效管理活動具有高度的相關性，在行政首長領導下，可結合形成行政機關的績效管理制度，包括策略規劃、流程創新及激勵措施等三大部分。在行政機關實務管理運用上，策略規劃包括組織策略計畫、年度施政計畫及專案策略計畫的研擬，例如考選部為推動績效管理制度，在 2004 年發展四年中程施政計畫（組織策略計畫），經由組織內由下而上提出組織的願景：「為國家選拔優秀公務人力與專業人才，扮演國家競爭力之推進者」，以建構國際接軌之考選法制、開創具信度效度之考選技術，建置質量俱優之 e 化題庫，提昇顧客導向的服務效能及精進零缺點目標之試務品質等五項為發展策略，並訂定組織整體目標及分年度執行目標，以及評估指標；其次，由各部門根據中長期計畫之願景、策略及目標擬定年度執行計畫及個別專案策略計畫，訂定年度目標及評估指標，推動各項施政，年度終了根據執行計畫評估各部門績效，並公開頒獎激勵。

　　有關流程創新部分，例如考選部積極推動組織知識管理活動，鼓勵員工積極參與，開發員工經驗與智慧，在工作中進行改革創新及流程改造，考選部也以行政 e 化及顧客服務 e 化為執行策略，內部稽核控管來提昇作業品質；同時，考選部在激勵措施部分，配合組織知識管理及鼓勵改革創新，鼓勵員工成立專案合作團隊，建立即時獎勵及表揚措施，讓員工隨時感受到努力的成果與榮耀。總之，行政機關績效管理制度，可以從策略規劃、流程創新及激勵措施三方面同時著手。

4、行政機關績效評估方法

由本文研究結果發現，專業機關與管理機關在績效管理上有顯著的差異，實務上專業機關與管理機關在組織規模、業務性質及其相關目標達成的難易就有很大的差異，因此，未來在行政機關績效評估制度的設計，應否將二者分別評估或比較，頗值得重新思考；其次，行政機關為一層級性組織，組織整體職掌、部門職掌及個人職掌都有明確的區隔，在現行的行政機關績效評估之結構與內涵中已具備組織層次、群體（部門）層次及個人層次的評估概念，未來在不同層次績效評估設計上，應如何區隔並相互連結，避免重複評估的現象，亦為參考的重點；再者，在評估指標部分，應依組織特性及政策的任務，採用多構面評估指標，本文第三章表 3-7 所提出行政機關績效評估雛型，亦可提供未來制度設計的參考。

5、不同行政首長背景之領導行為、值得信任及績效管理的差異

由本文研究結果顯示，整體而言，領導行為部分學者專家行行政首長分別優於行政體系型及民代社運型；值得信任部分，學者專家型及行政體系型行政首長優於民代社運型者；績效管理部分，學者專家型及行政體系型亦分別優於民代社運型者。如就三個類型行政首長進一步分析，學者專家型行政首長在人事管理、研考、財經及技術行政機關表現較為優異，行政體系型行政首長在軍、警屬性及公共建設性機關表現較為優異，惟本項結果仍待進一步研究探討。

6、不同專業特質及值得信任情境組織特徵

根據本文研究結果，在領導行為方面，高行政專業特質高值得信任組織，其影響效果分別優於其他三種組織；高值得信任組織低行政專業特質組織又優於高行政專業特質低值得信任組織，而前述二者組織與低行政專業特質低值得信任組織並無顯著差異。在組織績效管理方面，高行政專業特質高值得信任組織優於其他三者組織，而高行政專業特質低值得信任及高值得信任低行政專業特質組織均優於低行政專業特質低值得信任組織，其四類型組織特徵說明如下：

(1) 高行政專業特質高值得信任組織：組織偏重於政策規劃，其次為激勵士氣，再次為政策執行；此類型機關一般特徵為結構與制度非常正式，紀律嚴明，員工服從性高，例如國防部、退輔會、海巡署及警政等機關；由於組織非常重視行政倫理，行政首長適合於具有行政體系淵源者擔任。但是，此類組織過於注重體制及行政倫理，常形成改革創新比較緩慢現象，必須注入組織新的改革觀念，提高組織目標的達成度。

(2) 高行政專業特質低值得信任組織：組織偏重政策規劃，其次為政策執行，再次為激勵士氣；一般而言此類型機關，組織結構及法規制度非常嚴謹，對員工專業及紀律要求亦非常高，例如法務、公共建設等機關非常重視廉潔，財經機關非常重視專業，行政首長適合學者專家或行政體系具專業背景者。由於此類機關重視改革的規劃與執行，故在員工士氣激勵部分應予加強。

(3) 低行政專業特質高值得信任組織：組織偏重於激勵士氣，其次為政策規劃，再次為政策執行；此類型機關組織結構及制度規範較為彈性，行政首長非常信任員工的專業性，讓員工有充分發揮機會，例如科技或管理類機關，行政首長比較適合於學者專家型者擔任。由於此類機關管理較為開放，必須予以設定較高的目標與適度的控制。

(4) 低行政專業特質低值得信任組織：組織在政策規劃、政策執行及激勵士氣等三項措施均偏弱；此類型機關大都已完成階段性任務或業務已為其他機關所取代，應為行政機關組織改造或歸併的對象。

三、研究限制與建議

（一）研究限制

本文實證研究以行政院所屬二級機關為研究對象，受限於行政機關層級及業務性質的差異，調查研究結果之運用恐仍有所侷限。其次，本文研究無法就行政機關依層級、性質及組織規模等因素分類調查，且驗證資料皆來自於問卷填答結果，可能受訪者未客觀地填答有所偏誤，以致研究結果受到影響，在所難以避免之處，這些偏誤應可在後續長期研究中降至最低。

（二）後續研究建議

本文研究除可在研究方法上輔以專家學者深度訪談，以及相關結果可持續長期研究外，本文研究結果發現的問題，亦頗值得後續深入探討：

首先，學者專家背景的行政首長領導行為平均值分別優於行政體系及民代社運背景者，這項因素是否行政體系背景首長因長期受行政文化影響，或民代社運背景的行政首長個人政治性格及包袱影響其領導行為，頗值得進一步深入的探討。

行政首長背景對組織績效管理具有顯著差異，其中學者專家型及行政體系型行政首長其組織績效管理平均值優於民代社運型者，而其績效管理差異的原因，亦為值得深入探討的一項課題。

綜合而言，影響行政首長領導行為與組織績效管理因素，除了行政專業特質及員工對首長的信任等因素外，尚包括外在整體政治、經濟及社會環境、行政首長的個人領導風格、組織結構及組織文化等，有待後續作整體全面性研究；再者，中央機關與地方機關的體制及業務性質亦有很大的差距，二者之行政首長領導行為及績效管理措施可能有所不同作法，甚至地方區域的差異亦有所不同，更有待後續研究者進一步探討。

參考文獻

行政院研考會（2006）:《行政院所屬各機關施政績效管理手冊》，台北：行政院研考會。

古永嘉譯（2004）:《企業研究方法》，台北：華泰文化公司。

李青芬、李雅婷、趙慕芬合譯（1995）:《組織行為學》，台北：華泰文化公司。

邱吉鶴、黃小秋（1998）:《非都市土地使用審核流程之研究——以花蓮海洋公園為例》，台北：行政院研考會。

林財丁、林瑞發譯（2003）:《組織行為（第七版）》，台北：滄海出版。

林嘉誠（2004）:《政府績效評估——行政機關績效評估制度的建置與回顧》，台北：行政院研考會編印。

高子梅譯（2004）:《模範領導》，台北：臉譜出版。

徐木蘭、陳朝福、劉仲矩、黃河明、姚惠英（1998）:《環境變遷下資訊業生態形成的軌跡——以開放性組織觀點探討電腦週邊產業》，行政院國科會專題研究計畫結案報告（編號：NSC-87-2416-H-002-024），201，台北：行政院國科會。

唐明曦譯（2003）:《成果式領導的第一本書》，台北：高富國際文化出版。

孫本初（2005）:〈論治理模式在政府與非營利組織互動中的應用〉，《人事月刊》，第 41 卷第 3 期，頁 8-19。

許瓘純（1998）：〈公共行政之專業主義初探——兼論行政責任問題〉，《考詮季刊》，第 16 期，頁 119-136。

陳銘薰、郭莉真（2004）：〈策略領導和知識管理與建立高績效組織之關係〉，《企業管理學報》，第 63 期，頁 27-66。

彭文賢（1995）：《專業官僚的三元體系論》，台北：行政院國科會科資中心。

黃俊英（1998）：《行銷思想》，台北：華泰文化公司。

黃營杉譯（1999）：《策略管理》，台北：華泰文化公司。

黃營杉、楊景傅譯（2004）：《策略管理》，台北：華泰文化公司。

張葆清（2002）：〈官僚體制專業化研究——總體層次的分析〉，國立政治大學公共行政學系碩士論文，台北。

張健豪、黃琡珺（2001）：〈從組織理論探討「三明治學院」與企業間關係——以國立高雄餐旅學院航空管理個案為例〉，《人力資源管理學報》，第 1 卷第 3 期，頁 27-42。

謝俊義（2001）：〈社會資本、政策資源與政府績效〉，《公共行政學報》，第 6 期，頁 87-122。

蘇進棻（2002）：〈科層體制在行政機關適用之評析：兼談改進策略〉，《教育資料與研究》，第 46 期，頁 85-90。

羅虞村（1989）：《領導理論研究》。台北：文景出版社。

Adnum, D. (1993). Establishing the Way Forward for Quality. Management Accounting ,71 (6): 40.

Advisory Board Company (1997). Indicators for Performance Management, Unpudlished research.

Alkhafaji, A.F. (1989). A Stakeholder Approach to Corporate Governance: Managing in a Dynamic Environment. New York: Quorum.

Archer, S. and Otley, D.T. (1991). Strategy,Structure,Planning and Control Systems and Performance Evaluation-Rumenco Ltd., Management Accounting Research, 2: 263-303.

Asch, D. (1992). Strategic Control-a Problem Looking for a Solution, Long Range planning, 25 (2): 105-110.

Ashworth, G. (1999). Delivering Shareholder Value through Integrated Performance Management. London: Financia Times-Prentice-Hall.

Atkinson, AA. (1998). Strategic Performance Measurement and Incentive Compensation, European Management Journal, 16 (5): 552-561.

Avolio, B.J. (1999). Full Leadership Development: Building the Vital Forces in Organization. CA: Sage.

Barney, J.B. and Hansen, M.H. (1994). Trustworthiness as A Source of Competitive Advantage, Strategic Management Journal, 15: 175-190.

Bass, B.M. (1985). Leadership and Performance Beyond Expectations. New York: Free Press.

Beccerra, M. and Gupta, A.K. (1999). Trust within Organization: Integrating the Trust Literature with Agency Theory and Transaction Costs Economics, Public Administration Quarterly, 23 (2): 177-203.

Behn, Robert (2003). Why Measure Performance? Different Purposes Require Different Measures, Public Administration Review, 63 (5): 586-604.

Bell, D. (1973). The Coming of the Post Industrial Society. New York: Basic Books.

Bennis, W.G. and Nanus B. (1985). Leaders: The Strategies for Taking Charge. New York: Harper and Row.

Bennis, W. (1989). Why Leaders Can't Lead. San Francisco: Jossey-Bass.

Bennis W. (2003). On Becoming a Leader: The leadership classic-updated and expanded (Revised ed.). New York: Perseus Publishing.

Benveniste, G. (1987). Professionalizing the organization. San Fransico: Jossey-Bass.

Berman, E.M. (2006). Productivity in Public and Nonprofit Organizations, CA: Sage.

Berman, E.M. and XiaoHu Wang (2000). Performance Measurement in U.S. Counties: Capacity for Reform. Public Administration Review, 60 (5): 409-420.

Bititci, U.S., Carrie, A.S., and Mcdevitt, L. (1997). Integrated Performance Measurement Systems:A Development Guide, International Journal of Operations & Production Management, 17 (5-6): 522-534.

Blake, R.R. and Mouton, J.S. (1964). The Managerial Grid. Houston: Gulf.Blau, P.M., 1974, Exchange and powering social life. New York: Wiley .

Bourdieu, P. (1986). The Forms of Capital. In J.G.Richardson (Ed.), Handbook of Theory and Research for the Sociology of Education, (pp.241-258). New York: Greenwood Press.

Bourne, M. Neely, A., Platts, K and Mills, J. (2002). The Success and Failure of Performance Measurement Initiatives: Perceptions of Participating Managers, International Journal of Operations and Production Management, 22 (11): 1288-1310.

Bowers, D.G. and Seashore, S. E. (1969). Leadership. Edited by C.A: Gibb.

Brignall, S.(2002). The Unbalanced Scorecard: A Social and Environmental Critique. Unpublished working paper, Aston Business School, UK.

Brown, M.G. (1996). Keeping Score: Using the Right Metrics to Drive World-class Performance. New York: Quality Resources.

Buelens, M., Kreitner, R. and Kinicki, A. (2002). Organizational Behavior: Instructor's Edition.London: McGraw Hill.

Buhner, S. H. (1997). One Spirit Many Peoples: A Manifesto for Earth Spirituality. Colorado: Roberts Rinehart Publishers, Niwot.

Bungay, S. and Goold, M. (1991). Creating a Strategic Control System, Long Range planning, 24 (3): 32-39.

Bushick, B. (1996). Performance Indicators for Achieving Goals at Allina, The Quality Letter, June: 10-18.

Burns IM. (1978). Leadership. New York: Harper & Row.

Cameron, K.S. and Quinn, R.E. (1999). Diagnosing and Changing Organization Culture-Based on The Competing Values Framework, New York: Addison-Wesley .

Campbell, D., Datar, S., Kulp, S. and Narayanan, V.G. (2002). Using the Balanced Scorecard As a Control System for Monitoring and Revising Corporate Strategy, Unpublished working paper, Harvard University, MA.

Carwright, D. and Zander, A. (1968). Group Dynamics: Research and Theory (3rd ed.). New York: Harper and Row.

Coleman, J.S. (1990). Foundations of Social Theory. Camdridge, MA: Harvard University Press.

Conger, J.A. and Kanungo, R.N. (1988). Behavioural dimensions of charismatic leadership. In J.A.Conger and R.N.Kanungo (Eds.), Charismatic leadership. San Francisco: Jossey-Bass.

Curtright, J.W., Stolp-Smith, S.C. and Edell, E.S. (2000). Strategic Performance Management: Development of a Performance Measurement System at the Mayo Clinic, Journal of Healthcare Management, 45 (1): 58.

Dabhilakar, M. and Bengtsson, L. (2002). The role of balanced scorecard in manufacturing: A tool for strategically aligned work on continuous improvements in production teams? In Performance Measurement and Management Control, M. J. Epstein and J.-F. Manzoni (eds.), Elsevier Science, 12: 181-208.

Davis, H. (1972). Human Behavior at Work: Organizational Behavior, 5th ed., NY:Mcgrae-Hill.

Davis, S.H. (1997). The Principal's Paradox: Remaining Secure in a Precarious. Position: Bulletin.

Day, D.V. and Lord, R.G. (1988). Executive Leadership and Organizational Performance: Suggestions for a New Theory and Methodology, Journal of Management, 14, 453-464.

De Lancer Julnes, Patria, and Marc Holzer. (2001). Promrting the Utilization of Performance Measures in Public Organizations: An Empirical Study of Factors Affecting Adoption and Implementation. Public Administration Review, 61 (6): 693-708.

De Waal, A.A. (2001b). Power of Performance Management, How Leading Companies Create Sustained Value, New York: John Wiley and Sons.

De Waal, A.A. (2003). Behavioural Factors Important for the Successful Implementation and Use of Performance Management Systems, Management Decision, 41 (8): 688-99.

DiMaggio, P.J. and Powell, W.W. (1983). The Iron Cage Revisited: Institutional Isomorphism and Collective Rationality in Organizational Fields, American Sociological Review, 48: 147-160.

DiMaggio, P.J. and Powell, W.W. (1991). Introduction:The Iron Cage Revisited: Institutional Isomorphism and Collective Rationality in Organizational Fields, In Walter W. Powell and Paul J. DiMaggio (Eds.), The New Institutionalism in Organizational Analysis (pp.63-82). Chicago: The University of Chicago Press.

Dreachslin, J.L. and Saunders Jr, j.j. (1999). Diversity Leadership and Organizational Transformation: Performance Indicators for Health Services Organizations, Journal of Healthcare Management, 44 (6): 427-438.

Drucker, P.F. (1973). Management. New York: Harper & Row.

Drucker, P.F. (1974). Management: Tasks, Responsibilities, Practices. New York: Harper and Row.

Drucker, P. F. (1998). The Coming of the New Organization, Harvard Business Review, January-February: 1-19.

Dumond, E.J. (1994). Making Best Use of Performance-Measures and Information, International Journal of Operations & Production Management, 14 (9): 16-31.

Eccles, R.G. (1991). The Performance Measurement Manifesto, Havard Business Review, January-February: 131-137.

Elenkov, D.S., Jidge, W. and Wright, P. (2005). Strategic Leadership and Executive Innovation Influence: An international Multi-Cluster Comparative Study, Strategic Management Journal, 26: 665-682.

European Foundation for Quality Management (EFQM) (2003). The EFQM Excellence Model, European Foundation for Quality Management, Brussels.

Euske, K.J. Lebas, M. and McNair, C.J. (1993). Performance Management in an International Setting, Management Accounting Research, 4 (4): 275.

Evans, M.G. (1974). Leadership. In S. Kerr (Ed.), Organizational Behavior (pp.230-233), Ohio: Grid Publishing.

Feurer, R. and Chaharbaghi, K. (1995). Performance Measurement in Strategic Change, Benchmarking for Quality, Management & Technology, 2 (2): 64-83.

Fiedler, F.E.(1964). A Contingency Model of Leadership Effectiveness. In L. Berkowitz (Ed.), Advances in Experimental Social Psychology (pp. 149-190). New York: Academic Press.

Fitzgerald, L., Johnston,R., Brignall, T.J., Silvestro,R.and Voss, C. (1991). Performance Measurement in Service Businesses. London: The Chartered Institute of Management Accountants.

Fleishman, E.A. (1953). Leadership Climate and Human Relations Training. Personnel Psychology, 6: 205-222.

Forza C. and Salvador F. (2001). Information Flows for High-Performance Manufacturing, International Journal of Production Economics, 70 (1): 21-36 .

Franco, M. and Bourne, M.C.S. (2004). Are Strategic Performance Measurement Systems Really Effective: A Closer Look at the Evidence, Proceedings of the EurOMA Conference, INSEAD, Paris, 2: 163-174.

Friedman, H.H. and Langbert, M. (2000). Transformational Leadership: Instituting Revolutionary Change in your Accounting Firm. The National Public Accountant, 45: 8-11.

Frigo and Krumwiede (1999). Ten ten Ways to Improve Performance Measurement Systems, Cost Management Update, 96(4): 1-4.

Fukuyama, F. (2000). The Great Disruption: Human Nature of the Reconstitution of Social Order. New York:Simon & Schuster.

Garvin, D.A., (1998). The Processes of Organization and Management, Sloon Management Review, 39 (4): 33-50.

Gates, S.(1999). Aligning Strategic Performance Measures and Results. New York: The Conference Board.

Gautreau, A. and Kleiner, B.H. (2001). Recent trends in Performance Measurement Systems - the Balanced Scorecard Approach, Management Research News, 24 (3/4): 153-156.

Ghalayini, A.M. and Noble, J.S. (1996). The Changing Basis of Performance Measurement, International Journal of Operations & Production Management, 16 (8): 63-80.

Ghiselli, E.E. (1963). Managerial Talent. American Psychologist, 10 (18): 631-641.

Gibson, E.J. (1977). How Perception Really Develops: A View From Outside the Network. In Laberge and Samuels, (Eds.). Basic Processes in Reading: Perception and Comprehension (pp.155-173). Mahwah, NJ: Erlbaum.

Hamel. G. (1998). Strategy Innovation and the Quest for Value, Sloan Management Review, 39 (2): 7-14.

Hanlon, J.M. (1968). Administration and Education: Toward a Theory of Self-Acutalization, Available from Wadsworth Publishing Company, Inc., Belmont, Califoria.

Hatry, H. (1999). Performance Measurement: Getting Results. Washington, D.C.: Urban Institure.

Hemphill and Coons (1957). Development of Leader Behavior: Description Questionnaire. In R. M. Stogdill and A. E. Coons, Leader behavior: Its description and measurement. OH: Bureau of Research (pp.7), Ohio States University.

Hersey, P. and Blanchard, K.H. (1977). Measurement of Organizational Behavior (3thed). Englewood Ciffs, NJ: Prentice Hall.

Hollander, E.P. and Julian, J.W. (1969). Contemporary Trends in the Analysis of Leadership Processes, Psychological Bulletin, 71: 387-97.

Hood, C. (1991). Public Management for all Seasons, Public Administration, 69 (1): 3-19.

House, R. and Mitchell, T. (1974). Path-Goal Theory of Leadership. Journal of Contemporary Businesses, 3: 81-97.

House, R. (1977). A Theory of Charismatic Leadership. In Hunt, J. and Larson, L. (Eds.), Leadership, the Cutting Edge. Carbondale: Southern Illinois University Press.

Howell, J. P. (1997). Substitutes for Leadership: Their Meaning and Measurement-An Historical Assessmen, Leadership Quarterly. 8 (2): 113-116.

Howell R.A. and Soucy, S.R. (1988). Capital Investment in the New Manufacturing Environment. Management Accounting, 69 (5): 26-32.

IdeA (2003). Glossary of Performance Terms. London: IdeA.

Ingraham, P.W. (2006). Public Service Leadership: Opportunities for Clarity and Coherence. Sage Publications, 36(4): 362-274.

Institute of Management Accountants and Arthur Andersen LLP (1998). Tools and Techniques for Implementing Integrated Performance Measurement system, Statement on Management Accounting 4DD, Montvale, NJ.

ISO9000(2000). International Organization for Standardisation, Geneva.

Ittner, C.D., Larcker, D.F. and Randall, T. (2003). Performance Implications of Strategic Performance Measurement in Financial Service Firms, Accounting, Organisations and Society, 28 (7-8): 715-741.

Jackson, P.M. (1995). Editorial,Performance Measurement, Public Money & Management, 15 (4): 3.

Jacobs, T.O. (1970). Leadership and Exchange in Formal Organizations. Virginia: Human Research Organization.

Jacobs, T. Owen and Jaques, Elliott. (1990). Military Executive Leadership. In K. E. Clark and M. B. Clark (eds.), Measures of Leadership. Greensboro (pp.281-295.), NC: Center for Creative Leadership.

Jago, A.G. (1982). Leadership: Perspectives in Theory and Research, Management Science, 28 (3): 315-336.

Janda (1960). Towards the Explication of The Concept of Leadership in Terms of The Janda. Concept of Power. Human Relation.

Johnson, H.T. and Broms, A. (2000). Profit Beyond Measure: Extraordinary Results Through Attention to Work and People. New York: The Free Press.

Kanter, R.M. (1985). Supporting Innovation and Venture Development in Established Companies, Journal of Business Venturing, 1: 47-60.

Kast, F.E. and Rosenzweig, J.E. (1972). General Systems Theory: Applications for Organization and Management, Academy of Management Journal, 15: 447-465.

Kaplan, R.S. and Cooper, L. (1997). Cost and Effect, Harvard Businesses School Press, Boston, MA.

Kaplan, R.S. and Norton, D.P. (1992). The Balanced Scorecard-Measures that Drive Performance, Harvard Businesses Review, 70: 71-79.

Kaplan, R.S. and Norton, D.P. (1993). Putting the Balanced Scorecard to Work, Harvard Businesses Review, 71 (5): 134-42.

Kaplan, R.S. and Norton, D.P. (1996). The Balanced Scorecard-Translating Strategy into Acction, Harvard Businesses School Press, Boston, MA.

Kaplan, R.S. and Norton, D.P. (1996b). Linking the Balanced Scorecard to Strategy (Reprinted From the Balanced Scorecard), California Management Review, 39 (1): 53.

Kaplan, R.S. and Norton, D.P. (2001). Transforming the Balanced Scorecard From Performance Measurement to Strategy Management: Part II, Accounting Horizons, 15 (2): 147-160.

Kanji, G.K. and Sa, P.M. (2002). Kanji's Businesses Scorecard, Total Quality Management, 13 (1): 13-27.

Keasey, K., Moon.P and Duxbury, D. (2000). Performance Measurement and the Use of League Tables: Some Experimental Evidence of Dysfunctional Consequences. Accounting and Business Research, 30 (4): 275-286

Kellinghusen, G. and Wubbenhorst, K. (1990). Strategic Control for Improved Performance, Long Range Planning, 23 (3): 30-40.

Kelly, K. (1999). New Rules for the New Economy: 10 Radical Strategies for a Connected World, Vol.10, Viking/Penguin, New York.

Kerr, S. and Jermier, J.M. (1978). Substitutes for leadership: Their Meaning and Measurement.Organizational Behavior and Human Performance, 22 (3), 375-403.

Knight, J.A. (1998). Value-Based Management: Developing a Systematic Approach to Creating Shareholder Value. New York: McGraw-Hill.

Koontz, H. and Weihrich C. (1990). Essentials of Management. (5th.Ed.), New York: McGraw Hill Book Company.

Kopczynski Mary and Michael Lombardo (1999). Comparative Performance Measurement: Insights and Lessons Learned from a Consortium Effort. Public Administration Review, 59 (2): 124-134.

Kotter, J.P. and Cohen, D.S. (2002). The Heart of Change: Real-Life Stories of How People Change Their Organization, Boston, MA: Harvard Business School Press.

Kouzes, J.M. and Posner, B.Z. (2003). Leadership Practices Inventory, Published by Pfeiffer.

Kravchuk, R. and Ronald S. (1996). Designing Effective Performance Measurement System under the Government Performance and Results Act of 1993. Public Administration Review, 39 (2): 348-58.

Lebas, M.J. (1995). Performance Measurement and Performance Management, International Journal of Production Economics, 41 (1-3): 23-35.

Letza, S. (1996). The Design and Implementation of the Balanced Business Scorecard-an Analysis of Three Companies in Practice, Business Process Management Journal, 2 (3): 54-76.

Levine, T. (1994). A Computer-Based Program can Make a Difference: The Case of the Rediscover Science program.Studies in Educational Evaluation, 20: 283-296.

Lynch, R.L. and Cross K.F. (1990). Measure Up! Yardstick for Continuous Improvement, Blackwell,Cambridge, MA.

Maisel, L.S. (2001). Performance Measurement Practices Survey, American Institute of Public Accountants, New York, NY.

March, J.G. and Olsem, J.P. (1984). The New Institutionalism: Organizational Factors in Political Life, American Political Science Review, 78 (3): 734-749.

Marr, B. and Schiuma, G. (2003). Business Performance Measurement-Pass, Present and Future, Management Decision, 41 (8): 680-687.

Marr, Gray and Nelly (2003). Why do Firms Measure Their Intellectual Capital? Journal of Intellectual Capital, 4 (4): 441-464.

Martins, R.A. and Salerno, M.S. (1999). Usage of New Performance Measurement Systems: Some Empirical Findings, in Managing Operations Networks, Italy: (EurOMA Conference) Venice.

Martins, R.A. (2000). Use of Performance Measurement Systems: Some Thoughts Towards a Comprehensive Approach, in Performance Measurement-Past, Present and Future Cambridge. UK: Centre for Business Performance.

Martins, R.A. (2002). The Use of Performance Measurement Information As a Driver in Designing a Performance Measurement System, Performance Measurement and Management: Research and Action Boston, USA, Centre of Businesses Performance, UK.

Martinsons, M., Davison, R. and Tse, D. (1999). The Balanced Scorecard-a Foudation for the Strategic Management of Information Systems, Decision Support Systems, 25 (1): 71-78.

McCunn, P. (1998). The Balanced Scorecard...the Eleventh Commandment, Management Accounting, London, 76 (11): 34-36.

Megginson, W. L. and Weiss K. A. (1991).Venture Capital Certification in Initial Public Offerings, Journal of Finance, 46 (3): 879-903.

Meyer, A. D., Tsui, A. S., and Hinings, C. R. (1993). Configurational approaches to organization analysis. Academy of management journal, 36 (6): 1175-1195.

Meyer, J.W. and Rowan, B. (1977). Institutionalized Organization: Formal Structure and Research. American Journal of Sociology, 83 (2): 334-363.

Miller, G. (1992). Managerial Dilemmas: The Political Economy of Hierarchy. Cambridge, MA: Cambridge University Press.

Milton Rokeach (1973). The Nature of Human Value. New York: The Free Press.

Mintzberg, H.(1979). The structuring of organization. Englewood Cliffs, Nj: Prentice-Hall.

Mintzberg, H.(1981). Organization design: fashion on fit? Harvard Business Review, January-February: 103-116.

Mintzberg, H. (1985). The Organization as Political Arena, Journal of Management Studies, 22 (2): 133-154.

Moe, T. (1984). The New Economics of Organization, American Journal of Political Science, 28: 739-777.

Morphet, E. L., Johns, R. L. and Reller, E. L. (1982). Education Organization and Administration. New Jersey: Prentice-Hall.

Nadler, D.A. and Tushman, M.L. (1990). Beyond the Charismatic Leader: Leadership and Organizational Change, California Management Review, 33 (2): 77-97.

Nahapiet, J. and Ghoshal. S. (1998). Social Capital, Intellectual Capital and the Organizational Advantage, Academy of Management Review, 23: 242-266.

Najmi, M., Rigas, J. and Fan, I.S. (2005). A Framework to Review Performance Measurement Systems,Business Process Management Journal, 11 (2): 109-122.

Neely, A.D., Gregory, M.J. and Platts, K. (1995). Performance Measurement System Design: a Literature Review and Research Agenda, International Journal of Operations & Production Management, 15 (4): 80-116.

Neely, A.D. (1998). Measuring Business Performance: Why, What and How. London: Economist Books.

Neely, A. and Bourne, M. (2000). Why Measurement Initiatives Fail? Measuring Businesses Excellence, 8 (1): 3-5.

Neely, A. (2002). Business Performance Management: Theory and Practice, Cambridge. Cambridge: University Press.

Neely A., Adams C. and Kennerley M. (2002). The Performance Prism: The Scorecard for Measuring and Managing Business Success, Financial Times Prentice Hall.

Neely, A.D., Gregory, M.J. and Platts, K.W. (1995). Performance Measurement System Design: A Literature Review and Research

Agenda, International Journal of Operations and Production Management, 15 (4): 80-116.

Noeerklit, H. (2000). The Balance on the Balanced Scorecard-a Critical Analysis of Some of Its Assumptions, Management Accounting Research, 28 (6): 591.

North, D. (1990). A Transaction Cost Theory of Politics, Journal of Theoretical Politics, 2: 355-367.

Nunnally, I.C. (1978). Psychometric Theory. New York: McGraw-Hill.

OECD (1994). The OECD Jobs Study: Evidence and Explanations.

Otley, D.T. (1999). Performance Management: a Framwork for Management Control Systems Research, Management Accounting Research, 10 (4): 363-382.

Parker, C. (2000). Performance Measurement, Work Study, 49 (2): 63-66.

Parry, K. (2000). Does Leadership Help the Bottom Line. New Zealand Management. 47: 38-41.

Pierce, J.L. and Newstrom J.W. (2002). The Manager's Bookshelf: A Mosaic of Contemporary Views. (6th Ed.), Upper Saddle River, New Jersey: Prentice Hall.

Pierce, M. (2000). Portrait of the 'super principal, Harvard Education Letter (September/October).

Podsakoff, P.M., Mackenzie, S.B. and Bommer, W.H. (1996). Transformational Leader Behaviors and Substitutes for Leadership as Determinations of Employee Satisfaction, Commitment, Trust, and Organizational Citizenship Behaviors, Journal of Management, 22 (2): 259-298.

Porter, M.E. (1980). Competitive Strategy. New York: Free Press.

Preble, J.F. (1992). Towards a Comprehensive System of Strategic Control, Journal of Management Studies, 29 (4): 391-409.

Putnam, R.D. (1993). Making Democracy Work: Civic Traditions in Modern Italy. Princeton, NJ: Princeton University Press.

Putnam, R.D. (1995a). Bowling Alone: America's Declining Social Capital, Journal of Democracy, 6: 65-78.

Putnam, R.D. (1995b). Tuning in, Tuning out: The Strange Disapperance of Social Capital in America, Political Science and Politics, 28: 664-683.

Putnam, R.D. (2000). Bowling Alone: The Collapse and Revival of American Community. New York: Simon and Schuster.

Quinn, R.E. (1996). Becoming A Master Manager: A Competency Framework. New York: John Wiley & Sons Inc.

Rabin, J. (1984).Professionalism in Public Administration: Definition, Character and Values; a Symposium. American Review of Public Administration (pp.303-412).

Rajan, M.V. (1992). Management Control-Systems and the Implemontation of Strategics, Journal of Accounting Research, 30 (2): 227-248.

Rappaport, A. (1986). Creating Shareholder Value. New York: The Free Press.

Rauch, C. F. and Behling, O. (1984). "Functionalism: Basis for an alternate approach to the study of leadership," in Hunt, Hosking, Schrieshiem and Stewart, (Eds) Leaders and Managers International Perspectives on Managerial Behavior and Leadership. Elmsford, NY: Pergamon.

Richards, D. and Engle, S. (1986). After the Vision:Suggestions to Corporate Visionaries and Vision Champions, In J. D. Adams (Ed.), Transforming Leadership, (pp.199-215), Alexandria, VA: Miles River Press.

Robbins, S.P. (1990). Organization Theory: Structure, Design and Applications (5th ed) Englewood Cliffs, NJ: Prentice Hall.

Robbins, S.P. (1994). Organizational Behavior (3rd Ed.), New-Jersey: Prentice Hall, Inc.

Robbins, P. and Alvy, H.B. (1995). The Principal's Companion: Strategies and Hints to Make the Job Easier. Thousand Oaks, CA: Corwin Press.

Robbins, S. P. (1998;2003). Organizational Behavior, New Jersey : Prentice-Hall, Inc.

Roberts, J. (1990). Strategic and Accounting in a UK Conglomerate, Accounting, Organisations and Society, 15 (1/2): 126.

Robertson, P.J. and Tang, S.Y. (1995). The Role of Commitment in Collective Action: Comparing the Organizational Behavior and Rational Choice Perspectives, Public Administration Review, 55 (1): 67-80.

Roush, C.H. and Ball, B.C. (1980). Controlling the Implementation of Strategy, Managerial planning, 29 (4): 3-12.

Rusio, K.P. (1996). Trust, Democracy and Public Management: A Theoretical Argument, Journal of Public Administration Research and Theory, 6 (3): 461-477.

Saltmarshe, D., Ireland, M. and McGregor, J.A. (2003). The Performance Framework: A Systems Approach to Understanding Performance Management, Public Administration & Development, 23 (5): 445-456.

Sashkin, M. (1988). The Visionary Leader, In J.A.Conger & R.N. Kanungo (Eds.), Charismatic Leadership: The Elusive Factor in Organizational Effectiveness (pp.122-160), San Francisco: Jossey-Bass.

Schneier, C.E., Shaw, D.G. and Beauty, R.W. (1991). Performance-Measurement and Management-a Tool for Strategic Execution, Human Resource Management, 30 (3): 279-301.

Schreuder, M., Koene, H. and Pennings, H. (1991). Leadership, culture, and Organizational Effectiveness, Paper Presented at the Center for Creative Leadership Conference, Boulder, CO.

Schreyogy, G. and Steinmann, H. (1987). Strategic Control-a New Perspective, Academy of Management Review, 12 (1): 91-103.

Scott, W.R. (1987). The Adolescence of Institutional Theory. Administrative Science Quarterly, 32: 493-511.

Sean, N.C., Nick, A.T. and Jill, N.C. (2006). Disparate Measures: Public Measurement and Performance Measurement Strategics, Administration Review, 66 (1): 101-113.

Senge, P., Kleiner, A., Roberts, C., Ross, R.and Smith, B. (1994). The Fifth Discipline Fieldbook: Strategies and Tools for Building a Learning Organization. New York: Doubleday/Currency.

Shamir B., House R. and Arthur M.B. (1993). The Motivational Effects of Charismatic Leadership: A Self-Concept Based Theory. Organizational Science, 4 (4), 577-594.

Silk, S. (1998). Automating the Balanced Scorecard. Management Accounting, 79 (11): 38-42.

Sink, D.S. (1991). The Role of Measurement in Achieving World Class Quality and Productivity Management, Industrial Engineering, 23 (6): 23-30.

Sprinkle, G.B. (2003). Perspectives on Experimental Research in Managerial Accounting. Accounting,Organizations and Society, 28 (February/April): 287-318.

Stogdill. R.M. (1948). Personal Factors Associated with Leadership: A Survey of the Literature. Journal of Psychology, 25: 35-71.

Sureshchandar, G.S., Rajendran, C. and Kamalanabhan, T.J. (2001). Customer Perceptions of Service Quality: A Critique. Total Qual-ity Management, 12 (1), 111-124.

Sureshchandar, G.S. and Rainer Leisten. (2005). Insight from Research Holistic Scorecard Strategic Performance Measurement and Management in the Software Industry, Measuring Business Excellence, 9 (2): 12-29.

Shafritz, J.M. and Ott, J.S. (1992). Classics of Organization Theory (3rd Ed). CA: Brooks/Cole Publishing Co.

Szilagy, A.D. and Wallace, M. (1983). Organizational Behavior and Performance. Glenview, IL: Scott, Foresman.

Tannenbaum, R., Weschler, I.R. and Massarik, F. (1961). Leadership and Organization. New York: Mcgraw-Hill.

Taylor, M.E. and Sumariwalla, R.D. (1993). Evaluating Nonprofit Effectiveness: Overcoming the Barriers. In D.R. Young, R.M. Hollister, and V.A. Hodgkinson (eds.), Governing, Leading, and Managing Nonprofit Organizations. San Francisco: Jossey-Bass Publishers.

Thompson, A.A. and Strickland III, Jr.A.J. (2001). Strategic Management: Concepts and Cases. (12th ed.). Irwin: McGraw-Hill.

Thompson, J.D. (1967). Organization in action. New York: McGraw-Hall.

Ulrich, D., Zenger, J. and Smallwood, N. (1999). Results-Based Leadership: How Leaders Build the Business and Improve the Bottom Line. Boston:Harvard Business School Press.

Vandenbosch, B. (1999). An Empirical Analysis of the Association Between the Use of Excutive Support Systems and Perceived Organizational Competitiveness, Accounting, Organizations and Society, 24 (1): 77-92.

Van Wart, M. (2005). Dynamics of Leadership in Public Service: Theory and Practice, NY:M.E.Sharpe.

Verweire, K., Berghe, L. and Van den (2003). Integrated Performance Management: Adding a new Dimension, Management Decision, 41 (8): 782-790.

Verweire K. and Van den Berghe L. (2004). Integrated Performance Management, London: Sage Publications.

Vroom, V.H. and Yetton, P.W. (1973). Leadership and Decision-Making. Pittsburgh: University of Pittsburgh Press.

Williamson, O.E. (1985). The Economic Institutional of Capitalism. New York: Free Press.

Wilson, D., Hall, T. and Baddoo, N. (2000). The Software Process Improvement Paradox in Chadwick, D., Hawkins, C., King, G., Ross, M., and Staples, G. (eds): Software Quality Management VIII: Approaches to Quality Management, British Computer Society (Proceedings of SQM2000 Conference, Greenwich, April), pp97-106.

Yukl, G.A. and Nemeroff, W. (1979). Identification and Measurement of Specific Categories of Leadership Behavior: A Progress Report, in Crosscurrents in Leadership, Carbondale, Illinois: Southern Illinois University Press.

Yukl, G.A. (1989). Leadership in Organizations. Second Edition; Englewood Cliffs, New Jersey: Prentice-Hall.

Yukl, G. (1994). Leadership in Organizations (3th ed.), Englewood Cliff, NJ: Prentice-Hall, 52 (1), 68-82.

Zucker, L.G. (1987). Institute Theories of Organization, Annual Review of Sociology, 13: 443-464.

國家圖書館出版品預行編目

行政領導與績效管理 / 邱吉鶴著. -- 一版. --
臺北市：秀威資訊科技, 2008.03
　　面；　公分. -- (社會科學類；AF0076)
參考書目：面

ISBN 978-986-6732-94-2 (平裝)

1. 行政管理　2. 領導　3. 績效管理

572.9　　　　　　　　　　　　　97005135

 社會科學類　AF0076

行政領導與績效管理

作　　者 / 邱吉鶴
發 行 人 / 宋政坤
執行編輯 / 黃姣潔
圖文排版 / 鄭維心
封面設計 / 莊芯媚
數位轉譯 / 徐真玉　沈裕閔
圖書銷售 / 林怡君
法律顧問 / 毛國樑　律師
出版印製 / 秀威資訊科技股份有限公司
　　　　　台北市內湖區瑞光路 583 巷 25 號 1 樓
　　　　　電話：02-2657-9211　　傳真：02-2657-9106
　　　　　E-mail：service@showwe.com.tw
經 銷 商 / 紅螞蟻圖書有限公司
　　　　　台北市內湖區舊宗路二段 121 巷 28、32 號 4 樓
　　　　　電話：02-2795-3656　　傳真：02-2795-4100
　　　　　http://www.e-redant.com

2008 年 3 月 BOD 一版
定價：240 元

・請尊重著作權・

讀　者　回　函　卡

感謝您購買本書，為提升服務品質，煩請填寫以下問卷，收到您的寶貴意見後，我們會仔細收藏記錄並回贈紀念品，謝謝！

1.您購買的書名：_____

2.您從何得知本書的消息？

　□網路書店　□部落格　□資料庫搜尋　□書訊　□電子報　□書店

　□平面媒體　□ 朋友推薦　□網站推薦 □其他_____

3.您對本書的評價：(請填代號　1.非常滿意 2.滿意 3.尚可 4.再改進)

　封面設計____　版面編排____　內容____　文/譯筆____　價格____

4.讀完書後您覺得：

　□很有收獲　□有收獲　□收獲不多　□沒收獲

5.您會推薦本書給朋友嗎？

　□會　□不會，為什麼？_____

6.其他寶貴的意見：_____

_____

_____

_____

讀者基本資料

姓名：_____　年齡：_____　性別：□女　□男

聯絡電話：_____　E-mail：_____

地址：_____

學歷：□高中(含)以下　□高中　□專科學校　□大學

　　　□研究所(含)以上 □其他_____

職業：□製造業 □金融業 □資訊業 □軍警 □傳播業 □自由業

　　　□服務業 □公務員 □教職　□學生 □其他_____

秀威與 BOD

BOD（Books On Demand）是數位出版的大趨勢，秀威資訊率先運用 POD 數位印刷設備來生產書籍，並提供作者全程數位出版服務，致使書籍產銷零庫存，知識傳承不絕版，目前已開闢以下書系：

一、BOD 學術著作—專業論述的閱讀延伸
二、BOD 個人著作—分享生命的心路歷程
三、BOD 旅遊著作—個人深度旅遊文學創作
四、BOD 大陸學者—大陸專業學者學術出版
五、POD 獨家經銷—數位產製的代發行書籍

BOD 秀威網路書店：www.showwe.com.tw
政府出版品網路書店：www.govbooks.com.tw

　　永不絕版的故事・自己寫・永不休止的音符・自己唱